THÈSE

POUR

LE DOCTORAT.

THÈSE

POUR

LE DOCTORAT.

A mon Grand-Père.

———

A mon Père, à ma Mère.

———

A ceux qui ont de l'affection pour moi.

UNIVERSITÉ DE FRANCE. — ACADÉMIE DE RENNES.

Faculté de Droit.

THÈSE POUR LE DOCTORAT.

JUS ROMANUM.... (De conditionibus impossibilibus.
DROIT FRANÇAIS.. (Des conditions physiquement ou moralement impossibles.

Cette thèse sera soutenue le vendredi 30 juin 1854, à 2 heures du soir,

PAR

M. Henri ROUMAIN DE LA TOUCHE, avocat,

Né à Ancenis (Loire-Inférieure) le 11 octobre 1830.

Examinateurs :

MM. RICHELOT, *doyen ;* BIFARD, GOUGEON, DE CAQUERAY, *profess.;*
BODIN, *professeur suppléant.*

RENNES

IMPRIMERIE DE CH. CATEL ET Cⁱᵉ,
rue du Champ-Jacquet.

1854.

JUS ROMANUM.

DE CONDITIONIBUS IMPOSSIBILIBUS.

PROEMIUM.

De Conditione.

1. Definitio conditionis. — 2. Duæ præcipuæ conditionis qualitates.

1. — Priusquam perdifficilem, subtilemque materiam conditionum impossibilium tractemus atque effectus qui nascuntur ex his falsis conditionibus, in ultimæ voluntatis dispositionibus aut in conctractibus positis, ostendamus, absolute conditionem primum definire debemus, ut, variis veræ conditionis qualitatibus notis, facile discernere falsas conditiones possimus.

Conditio proprie et stricte dicta est, casus adjectus, actum suspendens, propter futurum incertumque eventum.

2. — Attamen sunt conditiones aliquæ de præteritis vel præsentibus conceptæ, sunt aliæ necessariæ aut impossibiles; sed illæ omnes non nisi improprie ac sola verborum conceptione conditiones sunt.

Futurum esse eventum oportet, nam si conditio vel in praesens vel in praeteritum tempus sit collata, non est vera conditio, legatum aut obligatio non suspenditur; sed si eventus fuit, statim legatum defertur, obligatio nascitur; si contrario non fuit eventus, legatum non extat, obligatio non fit, pro ut conditio vel exstitisse intellecta est vel non intellecta. Haec heredis sic institutio sub illa specie conditionis : « Si Titius fuit consul, Maevius heres esto, » non est conditionalis; nam, si Titius vere fuit consul, Maevius est pure institutus, si non fuit consul Titius, non est institutus Maevius.

In hoc casu, actus, in quo apponere conditiones non licet mixtae vel casuales, valet, nam non est vera conditio. Verbi gratia : « Si navis stat portu, Maevius filius heres meus sit institutus. » Conditio est in tempus praesens collata, non est vera conditio; si igitur navis stat portu, institutio filii valet, licet institutio filii heredis sui, sub conditione casuali aut mixta, non sit toleranda. Si contrario non navis stat portu, praeteritus est filius et testamentum rumpitur (1).

Attamen accuratissime in futurum collata ex hac specie distinguenda est conditio, in qua casus adjectus, nesciente testatore, jam evenit aut jam evanescit. Haec est vera conditio; actus igitur, in quo illae conditiones sunt prohibitae, est nullius momenti. Verbi gratia : « Si navis ex Asia post mortem veniet, Maevius filius meus heres esto. » Conditio est in futurum tempus collata et ex sententia testatoris est vera conditio; si navis igitur, cum actus agitur, jam ex Asia venit, erit nullius momenti testamentum.

Incertum esse eventum etiam oportet, nam si necessario casus eventurus sit, obligatio non suspenditur atque statim fit; si contrario casus necessario non eventurus sit, obligatio, non nascitur. Illae falsae species conditionum necessariae aut impossibiles conditiones vocantur, de quibus nunc loqui debemus.

(1) Dig., lib. 28, tit. 2, l. 3, § 1.

CAPUT PRIMUM.

DE CONDITIONE IMPOSSIBILI.

3. An elementum necessarium conditionis veræ desit conditioni necessariæ vel impossibili ? — 4. Divisiones conditionis necessariæ et impossibilis. — 5. Exempla.

---

3. — Non illæ sunt veræ conditiones, sicut supra diximus, nam inter elementa necessaria conditioni, unum illis conditionibus deest, quod est incertus eventus; etenim casus adjectus actum suspendens vel semper sine dubio eventurus est, tunc conditio necessaria vocata est, vel semper sine dubio casus nunquam eventurus est et tunc impossibilis vocata est conditio.

4. — Conditiones necessariæ et impossibiles vel in faciendo, vel in non faciendo concipi possunt, sicut veræ conditiones. Natura aut jure necessariæ vel impossibiles sunt etiam illæ conditiones ; natura, quæ aliquod factum continent quod naturæ leges repellunt; jure, quæ quod pugnat cum bonis moribus aut legibus continent.

5. — Illæ divisiones hæc nobis exempla præbent.

Conditio natura necessaria in faciendo concepta : « Si sol lucebit post mortem meam. »

Conditio jure necessaria, in faciendo concepta : « Si Titius ingenuus uxorem ducere possit. »

Conditio natura necessaria in non faciendo concepta : « Si Titius in lunam non ascenderit. » Accuratissime hæc conditio ex impossibili conditione distinguenda est, verbi gratia : « Si Titius non unquam moriturus sit. » De hujus conditionis effectibus longe disputatum fuit, dum semper secundum omnium sententiam institutio heredis, in qua conditio necessaria in non faciendo concepta inserta erat, valida fuit perinde ac si heres pure institutus esset (1).

Conditio jure necessaria in non faciendo concepta : « Si Titius solus heres meus nunquam post mortem meam petierit quod illi debeo. » Heres enim ante hereditatis aditionem, quia non est illi quis contradicens, non petere potest, et post aditionem confusione extincta est obligatio.

Conditio natura impossibilis in faciendo concepta : « Si Titius in lunam ascenderit. » Vel conditio perplexa : Si Titius heres erit, Scius esto ; si Scius heres erit, Titius heres esto (2).

Conditio jure impossibilis in faciendo concepta : « Si Titius rem sacram aut religiosam emerit. »

Conditio impossibilis natura in non faciendo concepta : « Si Titius nunquam moriturus sit. »

Conditio jure impossibilis in non faciendo concepta : « Si Titius, decem quatuor annos natus, non sit puber. »

SECTIO PRIMA.

De conditionibus necessariis.

---

6. An conditiones necessariæ actum suspendant? — 7. De similitudine et differentia necessariæ conditionis cum conditione quæ jam fuit impleta.

---

6. — Conditiones necessariæ actum in quo insertæ sunt non suspendunt; sed perinde ac ille actus si pure factus esset, stabilis

(1) Dig., lib. 28, tit. 5, loi 50, § 1.
(2) Dig., lib. 28, tit. 7, loi 16.

manet; et non distinguendum est utrum sit contractus an testamentum. Qui sub conditione stipulatur, quae omnino exstitura est, pure videtur stipulari (1).

Haec regula juris ex his pandectarum fragmentis manifeste apparet : « Impossibilis conditio cum in faciendum concipitur stipulationibus obstat; aliter atque si talis conditio stipulationi inferatur, si in coelum non ascenderit. Nam utilis et praesens est et pecuniam creditam continet (2). »

Item conditio necessaria in hoc fragmento designatur : « Si in non faciendo impossibilis conditio heredis institutione sit expressa, secundum omnium sententiam, heres erit perinde ac si pure institutus esset (3). »

Notandum est in his fragmentis, conditionem, quae impossibilis vocatur, necessariam esse in non faciendo conceptam; nam quum actus, qui conditione est prohibitus, sit impossibilis, conditio necessario est implenda.

7. — Necessariis conditionibus fere similis est conditio quae jam impleta esset, nesciente auctore, in tempore quo actus fit. « Si sic legatum sit, si navis ex Asia venerit et ignorante testatore navis venerit testamenti facti tempore, dicendum pro impleta haberi (4). »

Attamen necessaria conditio, cum ei elementum necessarium verae conditionis desit, non semper eumdem effectum habet. Sic igitur quum necessaria conditio in actu, qui conditionalis esse non potest, ponitur, non actus conditione necessaria vitiatur. Si contrario conditio vera, jam nesciente auctore impleta, verbi gratia, in sui heredis filii institutione, posita fuerit, institutio erit nullius momenti.

Institutio tamen valida esset, si testator jam impletam conditionem sciret, nam tunc omnino similis esset conditio necessariis conditionibus.

(1) Dig., lib. 46, tit. 2, loi 9, § 1.
(2) Dig., lib. 45, tit. 1, loi 7.
(3) Dig., lib. 28, tit. 5, loi 50, § 1.
(4) Dig., lib. 35, tit. 1, l. 10, § 1.

SECTIO SECUNDA.

De conditionibus natura impossibilibus.

—

8. Præcipua divisio conditionis natura impossibilis. — 9. Effectus hujus conditionis in contractu vel in ultimæ voluntatis dispositione positæ. — 10. De similitudine conditionis impossibilis cum conditione quæ, nesciente auctore, jam defecit. — 11. De differentia conditionis impossibilis cum conditione in præsens aut in præteritum tempus concepta. — 12. De conditione simul possibili et impossibili. — 13. De conditione relative impossibili. — 14. De difficultate conditionis. — 15. An conditio possibilis ab initio, quæ serius impleri non potest, sit impossibilis ? — 16. De favore causa libertatis. — 17. An sit impossibilis conditio ab initio impossibilis sed serius possibilis? — 18. An eædem regulæ ad contractus spectent ? — 19. An conditionis natura a legibus mutari possit ?

———

8. — Conditiones impossibiles aliæ in non faciendo seu omittendo consistunt, aliæ in faciendo sicut veræ conditiones. Hæc divisio conditionum impossibilium præcipua est observanda quum illæ conditiones in contractu scriptæ sunt ; nam contractus, in quo concepta in non faciendo conditio inserta est, valet, dum contractus conditionibus impossibilibus in faciendo conceptis vitiatur.

9. — Conditiones impossibiles actum in quo insertæ sunt vitiaturæ essent, si semper stricti juris observatæ essent regulæ ; sed, ex sententiis juris scripti, contractus solum modo non ultimarum voluntatum dispositiones vitiant.

Omnes contractus ab his conditionibus impossibilibus vitiantur : « Non solum stipulationes, impossibili conditione adplicatæ nullius momenti sunt, sed etiam cæteri quoque contractus, veluti emptiones, locationes, impossibili conditione interposita, æque nullius momenti sunt (1). »

(1) Dig., lib. 44, tit. 7, l. 31.

In ultimarum voluntatum dispositionibus longe disputatum fuit utrum impossibilis conditio institutionem vel legatum vel fideicommissum vitiaret, an pro nulla haberetur. Proculeiani institutionem vel legatum vel fideicommissum sub conditione impossibili nullius momenti esse putabant. Sabiniani contrario conditionem impossibilem pro nulla habendam affirmabant. Hæc opinio prævaluit et a Justiniano admissa fuit. Ante Justinianum etiam hæc opinio a longo tempore accepta fuerat, sicut manifeste ex hoc fragmento Digestorum apparet : « Obtinuit impossibiles testamento adscriptas pro nullis habendas (1). »

10. — Conditio possibilis quæ, non adhuc facto testamento, jam defecit, nesciente etiam testatore, conditioni impossibili similis est et ideo pro nulla habebitur.

Sed tamen difficile hæc opinio prævaluit, ut aperte videtur ex hac lege : « Si servos certos quis manumisisset, heres esse jussus erat, quibusdam ex his ante mortuis, Neratius respondit, defici eum conditione; nec æstimabat, pareri posset conditioni nec ne. Sed Servius respondit, cum ita esset scriptum, si filia et mater mea vivent, altera jam mortua, non defici conditione : idem est et apud Labeonem scriptum. Sabinus quoque et Cassius quasi impossibiles eas conditiones in testamento positas pro non scriptis esse; quæ sententia admittenda est (2). »

11. — Sed aliter putandum est si conditio, quæ defecit, a testatore ipso, etiam nesciente, in præteritum vel in præsens tempus sit collata; nam non est vera conditio, non ejus effectus similes esse his conditionis impossibilis possunt et institutio, in qua inserta est, nullius est momenti.

Hæc dissimilitudo ex lege sequenti præsertim apparet : « Cum in secundo testamento heredem eum qui vivit instituimus, sive pure, sive sub conditione, si tamen conditio existere potuit licet non exstiterit, superius testamentum erit ruptum. Multum autem interest qualis conditio posita fuerit; nam aut in præteritum concepta ponitur, aut in præsens aut in futurum ponitur. In præteritum concepta ponitur, veluti si Titius consul fuit; ita institutus

(1) Dig., lib. 35, tit. 1, l. 3.
(2) Dig., lib. 35, tit. 1, l. 6, § 1.

heres ut superius testamentum rumpatur : tunc enim ex hoc heres esset. Si vero Titius consul non fuit, superius testamentum non est ruptum. Quod si ad præsens tempus conditio adscripta est herede instituto, veluti si Titius est consul, eumdem exitum habet ut si sit, possit heres esse, et superius testamentum rumpatur, si non sit, nec possit heres esse, nec superius testamentum rumpatur. In futurum autem collatæ conditiones, si possibiles sunt, existere poterunt, licet non exstiterint, efficiunt ut superius testamentum rumpatur, etiam si non exstiterint (1). »

12. — Conditio in quibusdam possibilis esse, in quibusdam aliis impossibilis esse potest. Tunc remittitur quoad illa in quibus est impossibilis. Pars impossibilis pro non scripta habetur, pars alia efficit ut conditioni jussæ pareatur, sic : « Si Mœvius centum dederit et in lunam ascenderit, heres esto. » Institutio valet dummodo centum det Mœvius, licetque non in lunam ascendere possit. Item : « Si Mœvia mater mea et Fulvia filia mea vivent, mihi Lucius Titius heres esto (2). » Licet testator filiam nunquam habuisset, sed si mater sua supervivat, Lucius Titius heres erit, quia pars impossibilis conditionis in testamento pro non scripta habetur.

13. — Non solum sunt impossibiles conditiones quibus natura est impedimento, sed etiam conditiones, quarum effectus non repellit natura, quæ tamen ob certum factum impleri non possunt. Inest primis absoluta impossibilitas, secundis relativa impossibilitas. Falsa conditio nobis exemplum impossibilitatis relativæ præbet. Verbi gratia : « Si quod Titio debeo solverit, Pamphilus liber esto, si modo nihil Titio fuit debitum : quod si post testamentum factum testator pecuniam exsolvit, defecisse conditio intellecta est (3). » Non natura est impedimento quin Pamphilus solvat, sed cum nihil debitum sit Titio, conditio est relative impossibilis ; quæ in contractu scripta cum vitiat, in testamento pro nulla habetur.

14. — Similes etiam sunt conditionibus natura impossibilibus,

(1) Dig., lib. 28, tit. 3, l. 16.
(2) Dig., lib. 28, tit. 5, l. 45.
(3) Dig., lib. 35, tit. 1, l. 72, § 7.

quæ sunt tam difficiles ut fere impossibiles videantur conditiones.
Sed non generaliter de hac specie decidendum est, nam sæpe
valida conditio manebit cum factum, quod continet conditio, impossibile legatario sed alio possibile esset. Verbi gratia : Si quis
centum dare spondeat et sit pauper, conditio recedit ab impedimento naturali et ad facultatem dandi respicit (1). In hoc casu, si
quis aliquid promiserit quod efficere non possit, cum alio possibile sit, obligatio erit valida nam non inest impossibilitas.

Quidquid ita sit, semper hanc speciem impossibilitatis a difficultate, quæ non est impedimento conditioni, est discretura judicis
prudentia.

Fragmenta Digestorum hæc exempla nobis præbent difficultatis
quæ similis conditioni impossibili videtur : Si testator in triduo
proximo mortis suæ heredem monumentum facere voluit, condito
quasi impossibilis evanescit (2). Attamen hoc factum stricte possibile esse intelligendum est. Item non est etiam statuliber cui libertas sub tam difficili, imo pene impossibili conditione, ut aliunde ea
libertas obtingere non possit. Veluti, si heredi millies dedisset (3).
Attamen servo, ut ei detur libertas, aliquis dives millies credere
potest.

15. — Necesse est stabilem esse impossibilitatem, atque impossibilitas a temporis rerumque mutationibus non pendere
potest. Si factum igitur possibile esset quum in conditione insertum fuisset et si postea fiat impossibile, conditio non erit
impossibilis et in testamento pro non scripta non habebitur, sed
valida erit conditio et quum non impleta fuerit, nullius momenti
erit institutio. Verbi gratia : Si legatum sic factum fuerit : « Si
Titio decem legatarius dederit. » Quum Titius post testamentum
factum sed ante testatoris mortem, moriatur, deficit conditio et
nullius momenti est legatum.

16. — Diversa libertatis est causa ; favore libertatis, si servus
manumissus sit sub mixta, possibili conditione, quum servus
partem conditionis quæ ad eum pertinet implere paratus esset et

(1) Dig., lib. 45, tit. 1, l. 137, § 1.
(2) Dig., lib. 28, tit. 7, l. 6.
(3) Dig., lib. 40, tit. 7, l. 4, § 1.

quum pars alia conditionis casu fortuito non possit impleri, pro impleta conditio habebitur. Verbi gratia : Si quis servus alicui pecuniam dare jussus fuerit ut sit liber; quum is cui servus jussus est dare decesserit, si pecuniam paratam habuisset, liber erit, quia non staret per eum quo minus daret (1).

Hæc favor ad solam libertatem non ad legatum spectat; si igitur libertas et legatum, sub mixta conditione, servo data essent, conditio ad libertatem pro impleta, ad legatum pro non impleta habebitur. Nam constituto potius jure quam ex testamento, ad libertatem servus pervenit; ut si eodem et legatum et libertas data sint, mortuo eo cui dare jussus est, ad libertatem quidem perveniet, non autem legatum habiturus est (2).

Hæc favor adhuc non esset ad libertatem quum casualis pure esset conditio, nam tunc servus nihil ut liber sit paravit; sed tamen quum in hoc casu casualis conditio inest ut servus sit liber, si aliquis ad certum annum perventurus sit, licet ante decesserit, conditio favore libertatis in die certo mutata est et servus fit liber die in quo mortuus annum a testatore indictum complevisset. Verbi gratia : « Si servus liber esse jussus sit et legatum ei datum, si filius quartum decimum annum compleverit et filius ante decesserit, libertas favore competet die veniente, legati autem conditio deficit (3).

17. — Si contrario primum impossibilis, fieri postea possibilis possit conditio, valida videtur; nam testator, qui eam in testamento posuit, possibilem fieri deinde posse forsitan sciebat. Sic si ancillæ alienæ, cum ea nupsisset, legatum sit, utile est legatum, quia possit manumissa nubere (4).

Sed hæc mutatio a facto vituperando vel etiam extraordinario non fieri debet. Etenim non malum expectandum est. Sic, cum liber homo promissus est, servitutis expectandum non est tempus, ut ne hæc quidem stipulatio de homine libero probanda sit : Illum cum servus esse cœperit, dare spondes? Item, cum locum cum ex

(1) Dig., lib. 40, tit. 7, l. 20, § 3.
(2) Dig., lib. 40, tit. 7, l. 20, § 3.
(3) Dig., lib. 40, tit. 7, l. 10.
(4) Dig., lib. 35, tit. 1, l. 58.

sacro religiosove profanus esse cœperit, dari ? Quia nec præsentis temporis obligationem recipere potest. Et præsertim casum adversamque fortunam spectari hominis liberi, neque civile neque naturale est (1).

18. — Eædem ad contractus regulæ pertinent ; sic, si filiæ impuberi nuptiala dona promissa sint, erit validus contractus ; nam est probabile illam fieri puberem. Contrario si factum, in contractu insertum, sit illicitum, nullius momenti erit contractus, licet factum licitum fieri possit. Verbi gratia : « Si sororem suam nupturam sibi aliquis stipuletur, » quanquam etiam si non sit perpetua causa, ut recidit in sorore adoptiva, idem dicendum erit, quia statim contra mores fit. (2) Sic, quod leges fieri prohibent, stipulationem semper, in qua insertum est, vitiare dicendum est.

19. — Mutationibus legum nunquam conditiones impossibiles ab initio fieri possibiles possunt. Sic, si quis sub hac conditione stipulatus sit. « Si rem sacram aut religiosam Titius vendiderit, » conditio est impossibilis et nullius momenti erit stipulatio. Nec ad rem pertinet quod jus mutari potest et id quod nunc impossibile est, postea possibile fieri. Non enim secundum futuri temporis jus, sed secundum præsentis æstimari debet stipulatio.

(1) Dig., lib. 45, tit. 1, l. 83, § 5.
(2) Dig., lib. 45, tit. 1, l. 35, § 1.

CAPUT SECUNDUM.

DE CONDITIONE MORIBUS AUT LEGIBUS IMPOSSIBILI.

20. An conditionum moribus aut legibus impossibilium effectus his conditionum natura impossibilium similes sint ? — 21. Earum conditionum effectus, quum testamento aut contractui appositæ sunt.

20. — Moribus aut legibus impossibiles dicuntur conditiones quas existere morum honestas vel legum non patitur. Harum conditionum effectus sunt similes his impossibilium natura conditionum ; licet stricte impossibilibus natura conditionibus elementum necessarium desit, quod est incertus eventus, dum conditionibus contra mores scriptis inest hoc elementum. Etenim res illicita fieri potest vel non; sed romani jurisconsulti censuerunt conditiones quæ lædunt pietatem, existimationem, verecundiam nostram, aut scriptas contra edicta imperatorum aut contra leges, aut quæ legis vicem obtinent, nec implere nos posse credendum esse (1).

21. Conditiones igitur contra leges aut contra bonos mores scriptæ in ultimarum voluntatum dispositionibus pro non scriptis habentur, et perinde ac si hæreditati sive legato conditio non esset adjecta, hereditas legatumve capitur (2). Eadem agente ra-

(1) Dig., lib. 28, tit. 7, l. 15.
(2) Dig., lib. 28, tit. 7, l. 14.

tione, si illæ conditiones in faciendo conceptæ contractibus adjectæ sint, ut a conditionibus natura impossibilibus, contractus ab illis conditionibus contra mores scriptis vitiantur. Hoc nobis fragmentum demonstrat : cum quis sub hac conditione stipulatus sit : Si rem sacram aut religiosam Titius vendiderit vel forum aut basilicam, et hujus modi res quæ publicis usibus in perpetuum relictæ sint; ubi omnino conditio jure impleri non potest vel id facere ei non liceat, nullius momenti erit stipulatio, perinde ac si ea conditio, quæ natura est impossibilis, inserta esset (1).

SECTIO PRIMA.

De conditionibus contra mores scriptis.

22. An conditionum contra mores scriptarum effectus semper similes sint his conditionum natura impossibilium? — 23. De casibus in quibus similes sunt effectus. — 24. De casibus in quibus non existit similitudo. — 25. De hoc casu in contractibus. — 26. De hoc casu in testamentis. — 27. An sit valida stipulatio in qua quis pecuniam sibi dari stipulatur, si se delicto abstinuerit? — 28. An sit valida stipulatio, in qua quis pecuniam promisit, si ipse delictum commiserit? — 29. An sit validum legatum in quo testator legatarium se delicto abstinere jussit?

22. — Conditiones, quæ aliquod factum turpe continent et quæ conditiones contra bonos mores vocantur, fere semper similes effectus, ut supra diximus, his conditionum natura impossibilium habent; attamen hæc similitudo solum fit quum est necessaria ut mores observati sint.

23. — In sequentibus casibus, sicut conditio impossibilis, conditio contra mores scripta omnino contractum vitiat et pro non scripta in testamento habetur; sic, si factum turpe in conditione insertum sit et si hæc conditio in contractu scripta sit, ut jus acquiren-

(1) Dig., lib. 45, tit. 1, l. 137, § 6.

2

dum ad turpe factum promissorem impellat, conditio est nullius momenti et contractus vitiatur; nam si flagitii faciendi vel facti causa concepta sit, stipulatio ab initio non valet (1).

Item conditio quæ ad factum turpe impellit in testamento pro non scripta habetur; atque heredis institutio et legatum sicut pure facta valent, verbi gratia : si quis parentibus suis, patronove alimenta non præstiterit aut si ab hostibus patrem suum non redimerit (2).

Fragmentum sequens nobis præbet facti turpis exemplum quod conditionem vitiat; et tunc conditioni impossibili est similis hæc conditio. « Filiæ quam mater sua heredem sibi vellet, si matrimonium cum viro dirimeret, responsum fuit : lucro concordiam maritalem præferendam esse; enimvero cum boni mores hæc observari vetent, sine ullo damno conjunctionem retinere potuerat (3). »

Inest etiam inter conditionem contra mores et conditionem impossibilem similitudo in hoc casu : quum quis in suo testamento heredem scripsit sub tali conditione, si reliquias ejus in mare abjiciat. Heres institutus qui conditioni non paruit non est expellendus ab hereditate, conditio pro non scripta habetur et institutio pura videtur. Etenim Modestinus respondit : « Laudandus est magis quam accusandus heres, qui reliquias testatoris non in mare, secundum ipsius voluntatem abjecit, sed memor humanæ conditionis sepulturæ tradidit. » Sed hoc prius inspiciendum est, an homo qui talem conditionem posuit neque compos mentis esset. Igitur, si perspicuis rationibus hæc suspicio amoveri potest, nullo modo legitimus heres de hereditate controversiam facit scripto heredi (4).

24. — Sed quum similitudo conditionis contra mores cum conditione impossibili non esset necessaria ut sint mores observati aut etiam quum morum corruptioni fuveret, non admittenda est similitudo.

(1) Dig., lib. 45, tit. 1, l. 123.
(2) Dig., lib. 28, tit. 7, l. 9.
(3) Cod., lib. 6, tit. 25, l. 5.
(4) Dig., lib. 28, tit. 7, l. 27.

De hac quæstione diligenter circumstantiæ inspiciendæ sunt ut in quoque casu decidendum sit.

25. — Si igitur quis pœnam promiserit, si ipse factum contra mores egisset, hæc conventio valida erit, dum si factum illicitum impossibile videretur, nullius momenti esset contractus.

Item eam quæ venit, ut si prostituta fuisset abducendi potestas esset, ei cui secundum constitutionem Divi Adriani id competit, præfectus urbi abducendi impertit facultatem. Vel mulierem quæ ita veniit, ne prostitueretur, aut si prostituta fuerit libera esset, per officium militare exhiberi apud tribunal oportet, ut si controversia referatur de pacto (quod tamen si verum est, libertas mulieri existente conditione competit) agatur causa apud eum cujus de ea re notio est (1).

Hæc conditio non est similis conditioni impossibili; nam conditio impossibilis vitiat contractum, hic contrario contractus valet.

Item si mulier ab eo, in cujus matrimonium convenit, pecuniam stipulata sit, si concubinæ tempore matrimonii consuetudinem repeteret; nihil causæ est cur ex stipulatione, quæ ex bonis moribus concepta sit, mulier impleta conditione pecuniam adsequi non possit (2).

Attamen nullius esset momenti contractus in quo quis pœnam promiserit, si culpa sua divortium factum fuerit. Nam contenti esse debemus pœnis legum comprehensis, et solum esset valida stipulatio si pœna promissa non esset alia quam ea lege comprehensa (3).

Etenim libertatem matrimonii futuri vel jam contracti pœnæ vinculo inhonestum visum est obstringi. Hoc principium ex fragmento sequenti apparet : « libera matrimonia esse antiquitus placuit ; ideoque pacta ne liceret divertere non valere et stipulationes quibus pœnæ irrogarentur ei qui quæve divortium fecisset, ratas non haberi constat (4). »

26. — Aliquando etiam in testamento, conditio quæ aliquod

(1) Cod., lib. 4, tit. 56, l. 1.
(2) Dig., lib. 45, tit. 1, l. 121, § 1.
(3) Dig., lib. 45, tit. 1, l. 19.
(4) Cod., liv. 8, tit. 39, l. 2.

factum illicitum continet non contra mores scripta videtur et non est similis impossibili conditioni. Verbi gratia : Si a testatore heres legatum dare jussus sit, si factum illicitum egerit. Conditio, cum sit impedimento quin non observati sint mores, pro non scripta non habebitur; sed valida erit et legatum debebitur si heres factum illicitum perpetraverit.

27. — Quum quis pœnam promisit si se delicto abstinuerit aut si officio satisfecerit, licet necessaria conditio et consequenter pure factus contractus videantur, nullius esse momenti debet contractus ut observati sint mores.

Item quum quis pecuniam sibi dari stipulatur, si se delicto abstinuerit aut si officio satisfecerit, nullius momenti est contractus, licet etiam necessaria conditio et sicut pure factus validus contractus videantur. Verbi gratia : Si aliquis dedit cuiquam ne sacrilegium, ne furtum faciat, ne hominem occidat, condictioni est locus. Item si depositario quis pecuniam dederit ut res deposita sibi reddatur, locus est etiam condictioni (1).

Hæc decisio a Justiniano confirmata fuit : « Ob restituenda ea quæ subtraxerat, accipiente pecunia, cum ejus tantum interveniat turpitudo, condictione conventum hanc restituere debere convenit (2). »

Si locus sit condictioni quum pecunia datur, a fortiori ratione, quum sola est promissio, nullius momenti erit contractus; turpitudo stipulatoris non promissorem obstringere possit. Sed si dantis et accipientis est turpitudo, pecunia repeti non potest; veluti si pecunia detur ut male judicetur (3), nam turpe datum non repetitur. In pari causa criminis vincit reus etiam tractans de lucro; datum libidinis causa, non repetitur, cum, in pari causa turpitudinis, melior sit conditio possessoris (4).

Attamen conventio in qua promissa est pecunia ei qui fidem suam obstringit se delicto abstenturum, non semper conditione vitiatur; solummodo vitiatur quum conditionis eventus interest

(1) Dig., lib. 12, tit 5 l. 2 pr., § 1.
(2) Cod. 4, tit. 7, l. 6.
(3) Dig., lib. 12, tit. 5, l. 3.
(4) Cod. 4, tit. 7, l. 1.

promissoris. At si promissor, sine ullo proprio commodo, alicui pecuniam promiserit, si non ebrius fiat, ut eum de hoc vitio deducat; conditio, quæ ex bonis moribus concepta est, est valida et stipulatio non vitiatur. Nihil enim interest promissoris ebrium fieri stipulatorem atque hic stipulator, ebriositatis continuitatem promissori minans, non extorquere beneficium injuste potest.

28. — Sed esset valida conventio in qua quis pecuniam promisit, si ipse delictum commiserit. Sic conjux qui conjugi pecuniam promisit, si tempore matrimonii concubinæ consuetudinem repetierit, conditionem implere coactus est (1).

Ratio discriminis quod conventionem, in qua quis pecuniam stipulatur si se delicto abstinuerit, a conventione, in qua quis pecuniam promisit, si ipse delictum commiserit, separat, inest in periculo quæstosæ negotiationis odiosæ quam prima conventio præberet ei cujus interest delictum prohibitum committi; etenim is dare majorem pecuniam posset ut hic, qui pecuniam sibi dari, si non delictum commiserit, stipulatus est, illum delictum committat. Hoc periculum non timendum est quum quis pecuniam promisit, si ipse delictum commiserit.

29. — Testator potest etiam heredi vel legatario hanc conditionem dicere. Si delicto se abstineat vel si officio satisfaciat. Etenim hæc conditio, in legato vel in hereditatis institutione posita, ex bonis moribus concepta est et non est timenda quæstosa odiosa negotiatio.

SECTIO SECUNDA.

De conditionibus contra leges scriptis.

—

30. De scripta contra leges conditione. — 31. De conditione non nubendi. — 32. De conditione non nubendi oblique posita. — 33. De conditione non nubendi cum certa persona. — 34. De conditione viduitatis. — 35. De conditione divortii. — 36. De arbitratu tertiæ personæ ad matrimonium contrahendum. — 37. De pœna quæ matrimonia obstringit. — 38. Quando licita

(1) Dig., lib. 45, tit. 1, l. 121, § 1.

sint conditiones de matrimonio. — 39. De conditione ut legatarius in certo loco maneat. — 40. De hac conditione servis injuncta. — 41. De pœna stipulata, si non certa persona instituta fuerit. — 42. De conditione religionem mutandi. — 43. De conditione jurisjurandi. — 44. An lex 8, § 6 Digestorum, tit. 7, lib. 28, impediat quin conditio in qua jusjurandum jussum est, in modum conversa sit? — 45. An jusjurandum ipsum sit prohibitum? — 46. De casibus in quibus jurisjurandi conditio non remittenda est. — An conditio jurisjurandi in contractibus sit illicita. — 48. De conditione captatoria. — 49. De conditione institutioni filii heredis sui apposita. — 50. De legato pœnæ nomine.

———

30. — Conditiones contra leges vocantur quæ non, ut conditiones contra mores stricte dictæ, aliquod factum turpe vel odiosum continent, sed quæ aliquod factum licitum generaliter continent, licet hoc factum cuidam actui apponi lex vetet. Nos, posteaquam conditiones turpes exposuimus, tractare aliquas earum conditionum debemus quæ prohibitæ sunt et in testamentis vel legatis vel fideicommissis pro non scriptis habentur sed contractus vitiant.

31. — Conditio quæ nuptiarum prohibitionem in universum continet secundum legem Juliam est prohibita. Et sic, quum mulieri sub conditione si non nupserit legatum sit, et ejusdem commissum sit ut Titio restituat si nubat, et si nupserit, legatum validum erit et non fideicommissum præstare hæc mulier cogenda erit (1).

Unde cum Titiæ si non nupserit ducenta, si nupserit centum legata essent; et illa nupsisset, ducenta petere recte posset. Sed cum præter ducenta amplius illo in casu mulier petere vellet, quasi impleta per nuptias conditione legati, aureorum centum, ridiculum Papinianus censuit eamdem ut viduam et ut nuptam ad legatum admitti (2).

32. — Impedimentum, quod per obliquum in fraudem legis conditio continet, prohibitum est sicut impedimentum quod directo nuptiis in universum adfertur.

(1) Dig., lib. 35, tit. 1, l. 22.
(2) Dig., lib. 35, tit. 1, l. 100.

Qua ratione : si quis Titio legavisset, si filia quam habebat in potestate non nupserit; vel filiofamilias, si pater ejus uxorem non duxerit, in fraudem legis ad nuptias impediendas conditionem utramque videri scriptam et ideo nullam ejus vim esse decisum fuit (1). Etenim in casu primo pater, qui dissensu nuptias filiæfamilias impedire potest, non est in eas consensurus ut legatum percipiat; et in casu secundo, legatum filiofamilias datum patri ipsi relictum videtur, dum id filiusfamilias patri acquirebat ex jure Digestorum.

33. — Item prohibita est conditio in qua certa persona designatur ut legatarius vel heres non eam in matrimonium ducat, quum alii cuilibet satis commode non possit nubere adeo ut tali conditione injuncta viduitas videatur. Nulla igitur erit talis conditio quæ scripta est fraudandæ gratia legis, utilis reipublicæ, sobolis procreandæ causa latæ (2).

34. — Conditio qua viduitas post dissolutum primum matrimonium injuncta est, seu permissa seu prohibita fuit. Hanc conditionem antiqua jurisprudentia prohibuit. Attamen ad certum tempus secundi matrimonii permissa fuit interdictio, quum non tam viduitas injungi quam potius cura liberorum a testatore intendi videretur, ut in hac conditione : si a liberis impuberibus non nupserit (3).

Deinde secundum legem Juliam et Papiam hæc conditio viduitatis licita fuit et servanda fuit, nisi mulier intra annum juravisset, quod filiorum quærendorum causa ad nuptias transiret. Legatum igitur, secundum hanc legem, sub tali conditione datum, non aliter capiebatur quam si conjux mucianam cautionem de matrimonio non contrahendo præstitisset.

Justinianus mulieribus permisit nuptias alias sequi et nihilominus capere quæ sub conditione viduitatis data erant, absque illa cautionis mucianæ præstatione (4). Serius autem Justinianus in secunda novella hanc conditionem viduitatis licitam et obser-

(1) Dig., lib. 35, tit. 1, l. 79.
(2) Dig., lib. 35, tit. 1, l. 64, § 1.
(3) Dig., lib. 35, tit. 1, l. 62.
(4) Just., nov. 22, cap. 43.

vandam esse statuit, adeo ut legata sub tali conditione nullius momenti essent, si aliæ nuptiæ contractæ fuissent.

Si mulieri viduæ factæ legatum, quod sub conditione viduitatis relictum erat, delatum fuerit et si dein mulier ad alia vota transeundo vi cautionis mucianæ restituere compulsa fuerit, non legatum repetere posset quum etiam ad viduitatem redacta fuisset. Etenim, post secundum matrimonium dissolutum, mulier ad prioris mariti dignitatem reverti non potest et consequenter non repetere legatum, quo se indignam effecit, ad novas nuptias convolando, potest.

35. — Conditio qua divortium injunctum esset ad lucrum faciendum non etiam servanda est, nam divortium apud Romanos, ut tristis morum necessitas, solum toleratum fuit; nunquam spem lucri ad divortium impellere permissum fuit. Hoc ex fragmento apparet : si usus ædium mulieri legatus sit ea conditione, si a viro divortisset, remittenda mulieri est conditio, atque ædium cum viro est habitatura (1).

36. — Quum quis ita legavit, ut legatarius tertiæ personæ arbitratu nubat, conditio etiam illicita est et pro nulla habetur in testamento. Sic, quum pater vel extraneus mulieri quid reliquerit, si arbitratu Titii nupserit; mulier quæ relicta sunt capiet, etiamsi vivo aut mortuo Titio, non Titii sed proprio arbitratu nupta fuisset (2).

Lex hoc statuisse videtur ne hæc conditio omnino nuptiis impedimentum inferatur. Etenim si talis conditio esset valida, tertia persona, aliquem designare nolens, quominus fit matrimonium impediret.

37. — Si quis pœnam promiserit si nubat aut si non nubat; conditio non licita erit et contractus vitiabitur, quia inhonestum visum est, vinculo pœnæ matrimonia sive futura sive jam contracta obstringi. Matrimonium liberum esse et ex sola voluntate non pœna alligata debet oriri.

38. — Non tamen omnes conditiones quæ ad matrimonia pertinent illicitæ sunt; contrario circa nuptias contrahendas con-

(1) Dig., lib. 7, tit. 25, l. 5.
(2) Dig., lib. 35, tit. 1, l. 72, § 4.

ditio recte institutioni aut legato apponitur. Verbi gratia : si honoratus uxorem duxerit, vel honorato nupserit, vel magis specifice si civi et non peregrino aut homini suæ religionis nupserit, vel denique cum designatione certæ personæ, si Titio nupserit. Adeo ut, si conditioni non paruerit, a legato excludatur, dummodo nubere Titio honeste potuerat; nam si indignus sit nuptiis ejus iste Titius, potest illa beneficio legis cuilibet nubere. Quæ enim Titio nubere jubetur, cæteris omnibus nubere prohibetur; itaque si Titius indignus sit, tale est quale si generaliter scriptum esset : si non nupserit. Imo, si verum amamus, durior hæc est conditio quam illa si non nupserit; nam et cæteris omnibus nubere prohibetur et Titio cui inhoneste nuptura sit nubere jubetur (1).

Hæc decisio, quæ conditionem circa nuptias contrahendas validam dicit, non matrimonii libertati obstat; nam aliud est cogendi matrimonii pœnæ metu libertatem auferri, aliud ad matrimonium certa lege invitari.

Si persona quæ, ut nubenda sit, in conditione designatur, non nubere vellet, pro impleta conditio haberetur : Verbi gratia : « Si Stichus et Seia in matrimonium colerent, heres meus eis centum dato. » Si Stichus post testatoris mortem seiam uxorem ducere nollet, cum ea parata esset nubere, legatum non Sticho datum erit, sed Seia legatum accipiet, nam ea conditionem implevisse videtur (2).

Atque etiam licita est conditio ita concepta : si non Titio nupserit vel si neque Lucio neque Mævio nupserit; adeo ut, si cuilibet eorum nupserit, legatum amissura sit, eo quod tali conditione injuncta viduitas non videtur (3). Idemque dicendum est de conditione : si in certo loco non nupserit. Sed illæ duæ conditiones non essent validæ, cum viduitas injuncta videretur, si persona, quæ conditionem implere debebat, talis sit quæ alii cuilibet non satis commode possit nubere aut quæ alibi nuptias non facile invenire possit; quia tunc fraus legi facta videtur et nuptiæ reipsa in universum conditione prohibentur, quod ipsum incurrit in

(1) Dig., lib. 35, tit. 1, l. 63, § 1.
(2) Dig., lib. 35, tit. 1, l. 31,
(3) Dig., lib. 35, tit. 1, l. 63, pr.

legem sobolis procreandæ gratia in utilitatem reipublicæ conditam.

Aliquando etiam quis promittere cuiquam pecuniam potest sub conditione nubendi. Verbi gratia : quum, ut Mœviæ Titius nubat, Titio pecunia a Mœvia promissa est. Ex hac lege sequenti hoc constat : « Si tibi nupsero decem dare spondes ? Causa cognita actionem denegandam puto : nec raro probabilis causa ejusmodi stipulationis est. Item si vir a muliere eo modo non in dotem stipulatus est (1). » Hac lege aperte, illam pecuniæ promissionem illicitam esse, quum stipulationis causa est turpis, discernimus. Verbi gratia : quum venalis esset consensus. Sed contrario est licita si causa cognita sit honorabilis. Verbi gratia : si misera mulier a viro pecuniam stipulata fuerit et huic in dotem dederit ut, si vidua fiat, hæc pecunia sibi restituatur. Hæc conventio nihil continet quod contra bonos mores sit.

Ex sententiis supra expositis, igitur decidendum est, in conditionibus nubendi vel non nubendi, nunquam pœnas adscribi posse, ut matrimonii servanda sit libertas; at in his conditionibus promissiones pecuniæ, quæ ad matrimonium sollicitant, adscribi posse. Et etiam conditionem in qua cœlibatus vel divortium, vel ab arbitratu tertiæ personæ faciendum matrimonium injungitur, omnino prohibitam esse decidendum est. In aliis casibus pro licita aut illicita conditio habetur pro ut ea conditio aliquod factum, quod bonos mores aut leges lædit, continere vel non videtur.

39. — Est etiam prohibita conditio sequens, cum per eam jus libertatis infringeretur. Verbi gratia : si cuiquam legatum relictum sit, ut a monumento testatoris non recedat vel ut in certo loco domicilium habeat (2). Tunc legatarius a monumento testatoris recedere vel in alio loco domicilium habere, absque ulla cautionis mucianæ præstatione, legatum petere poterit.

40. — At quum servi hanc conditionem implere jubentur, non idem decidendum est; etenim, si servis suis libertatem testator reliquerit, sub conditione ut monumento suo alternis mensibus lucernam accendant et solemnia mortis peragant, libertas

_____

(1) Dig., lib. 45, tit. 1, l. 97, § 2.
(2) Dig., lib. 35, tit. 1, l. 71, § 2.

non suspensa fuerit, sed servos statim liberos factos monumento adesse secundum testatoris jussionem judex compellet (1).

41. — Contra leges scripta et consequenter inutilis videtur pœnæ stipulatio sub conditione : si promissor heredem stipulatorem non fecerit; nam libertas heredem instituendi semper usque ad tempus mortis servanda est et testatoris voluntas a vinculo pacti obstringi non potest (2).

42. — Secundum jus romanum conditio mutandi vel non mutandi religionem contra bonos mores etiam scripta videretur; etenim ad mutationem vel perseverantiam religionis neminem lucri impulsura est allectatio et sola consciencia forum internum gubernandum est. Hanc igitur conditionem pro non scripta in testamento haberi et contractum, in quo inserta est, vitiare decidendum fuisset.

43. — Conditio jurisjurandi, ultimarum voluntatum dispositionibus apposita, non est valida; et tamen hujus prohibitionis effectus haud similes sunt his prohibitionis de conditionibus natura impossibilibus vel contra leges et mores scriptis ; nam pro nullis illæ conditiones habentur et jurisjurandi conditio non omnimo oblitteratur, licet non stabilis maneat.

Si ea conditio valida esset; quum heres aut legatarius juraverit se facturum quod a testatore jubetur, conditio pro impleta haberetur atque heres aut legatarius ad factum agendum a lege non cogendus esset. Itaque a prætore prohibita est talis conditio et recte; « cum faciles sunt nonnulli hominum ad jurandum contemptu religionis, alii perquam timidi metu divini numinis usque ad superstitionem, ne vel hi vel illi aut consequerentur aut perderent quod relictum est, prætor consultissime intervenit; » Ita loquitur Ulpianus (3).

Prætor igitur hanc conditionem generaliter et in perpetuum remisit ut per singulos remissionem peti necesse non sit. Sed si prætor hoc solum modo statuisset, testatoris voluntas injuste violata fuisset ; nam potuit is, qui voluit factum quod religionis con-

(1) Dig., lib. 40, tit. 4, l. 44.
(2) Dig., lib. 45, tit. 1, l. 61.
(3) Dig., 28, tit. 7, l. 8, pr.

ditione astringitur, sub conditione faciendi relinquere. Itaque a prætore heres vel legatarius facere, quod juraverit se facturum, jussus est, quoties tamen id factum nullum probrum in se habet. Sic legatum aut institutio heredis non pure facta videntur et tamen factum agendum in conditionis forma non continetur, licet hoc factum fieri oporteat, ut validum sit legatum. Testator legati diem a conditione suspendi noluit, voluit autem statim legatum deferri. Conditio jurisjurandi igitur solum in modum versatur et capiet legatarius relicta uti capiunt hi quibus nulla talis jurisjurandi conditio infertur ; sed post legatum captum, legatarius factum agere quod a testatore jussum est cogetur.

44. — Dubitatum fuit ex hac lege : « quoties heres jurare debetur daturum se aliquid vel facturum, quod non improbum est, actiones hereditarias non alias habebit quam si dederit vel fecerit id quod jussus erat jurare (1) ; » an conditio jurisjurandi in modum certe versata esset. Sed, hanc legem attente inspiciendo, manifeste apparet eam legem hoc statuisse ut vis coercendi heredem testatoris jussioni parere instituta sit. Etenim solæ actiones hereditariæ heredi non dantur, sed hereditas ipsa statim post mortem testatoris heredi acquiritur ; et, si moriatur, ad heredes ejus transit hereditas. Modus et non conditio sic dispositioni apponitur.

Conditio jurisjurandi etiam est remittenda quum sub alternativa conditione, vel decem millia dandi, vel aliquid jurandi quis honoratus esset. Attamen conditio jurisjurandi non remittenda videretur cum, conditioni decem millia dandi parendo, honoratus possit securus esse. Sed etiam in hoc casu conditio jurisjurandi remittitur, ne alterius conditionis evitandæ gratia ad jurandum urgeatur (2).

45. — Si tamen sponte sua heres aut legatarius jurare velit, nulla in eo turpitudo hæret, sed non tamen eum statim heredem futurum, antequam pro herede aliquid heres gesserit.

Decidendum est heredem satis pro herede gessisse, si ut heres juraverit (3).

(1) Dig., lib. 28, tit. 7, l. 8, § 6.
(2) Dig., lib. 28, tit. 7, l. 8, § 5.
(3) Dig., lib. 29, tit 2, l. 62. pr.

Heres facere quod juravit cogetur, nam in hoc casu etiam in modum conditio versatur, ut testatoris observanda sit voluntas.

46. — Aliquando tamen stat valida conditio jurisjurandi. Sic, quum municipio sub conditione jurisjurandi legatum sit, si hi per quos res municipii gerantur juraverint (1); etenim, facile paratum ad jurandum contemptu religionis, vel timidum metu devini usque ad superstitionem non videtur municipium et municipii magistratus qui jurabunt non suspiciendi sunt.

Si quis etiam libertatem sub conditione servis relinquat, non edicto praetoris locus est a quo jusjurandum remittendum est; sed jurisjurandi stat valida conditio (2).

Notandum est servum jurando conditionem omnino implevisse et ad actum quod juravit faciendum non se postea obligari; etenim servi jusjurandum est invalidum nisi post manumissionem denuo juret (3). Sed plerumque servus religione jurisjurandi ad factum quod promiserat impellitur.

47. — In contractibus singuli singulorum fidem noscere debent et ideo non jurisjurandi prohibita est conditio; debet jurare promissor. Verbi gratia : si quis cuiquam centum spoponderit si illo jurasset se nomen promissoris laturum; actum non est donatio sed datum ob causam et implenda est conditio (4).

48. — Aliae sunt conditiones quas leges improbant et quae non solum in ultimae voluntatis dispositione positae nullius sunt momenti sed etiam illam dispositionem vitiant.

Ex his conditionibus est conditio captatoria. Haec conditio est quae captandae alienae hereditatis causa refertur, cum testator suam hereditatem, tanquam in hamo defert ut alienam allectet. Verbi gratia : « Qua ex parte Titius me heredem fecerit, ex eadem mihi heres esto. » Captatoriae scripturae simili modo neque in hereditatibus, neque in legatis valent (5); et hujus modi institutiones etiam in testamentis militum improbantur.

(1) Dig., lib. 35, tit 1, l. 97.
(2) Dig., lib. 40, tit. 4, l. 12, pr.
(3) Dig., lib. 40, tit. 4, l. 36.
(4) Dig., lib. 39, tit. 5, l. 19, § 6.
(5) Dig., de *De legatis* 1°, l. 64.

Institutio autem in præteritum collata, neque ad captandum, sed ad remunerandum valet, verbi gratia : « Qua ex parte Titius me heredem fecit, ex eadem parte heres esto. »

49. — Conditio casualis seu mixta institutioni filii heredis sui apposita prohibita est et hanc etiam vitiat dispositionem. Titius sub alia conditione quam quæ in ejus potestate sit institui nequit, sive non statim sit in ejus potestate ; sive non perpetuo sive non sine periculo (1). Hujus prohibitionis hæc ratio est ne, alioquin deficiente scilicet casuali aut mixta conditione sub qua filius institutus esset, præteritus reperiatur et sic nullum testamentum fiat.

Cæterum sub omni conditione quæ existere potest, excepto filio herede suo, omnes institui heredes possunt etiam filiæ, nepotes et cæteri liberi, quamvis sint in morientis potestate (2).

50. — Olim fuere pœnæ nomine relicta seu legato, seu fideicommisso improbata ; id est quæ non eo animo relinqui voluit testator ut beneficio aliquem afficeret, sed ut heredem coerceret, ejusque agendi libertatem impediret. Conditio in qua pœna injuncta erat non erat valida, et legatum vitiabatur. Verbi gratia : « Heres meus, si filiam suam in matrimonium Titio collocaverit, Seio decem aureos dato. »

In testamentis militum nec quidem pœnæ nomine legata valebant, quanquam aliæ militum voluntates in ordinandis testamentis valde observabantur.

Libertas etiam dari talibus legatis non poterat et amplius nec heredem pœnæ nomine adjici poterat.

An autem legatum pœnæ causa fuisse relictum intelligi debeat, an simplicem legato conditionem appositam fuisse ex proposito quod testator habuit æstimatur. Etenim pœna a conditione solum distat testatoris voluntate et an pœna igitur an conditio ex voluntate testatoris distinguitur.

At Justinianus voluit pœnæ causa relicta valere ; scilicet, si quid heres faciat aut non faciat, nisi ob turpem causam vel impossibilem conditionem relinquantur. Nam si aliquid facere vel le-

(1) Dig. *De heredibus instituendis*, l. 4.
(2) Dig. *De heredibus instituendis*, l. 6.

gibus interdictum, vel alias probrosum, vel etiam impossibile
jussus heres fuerit, tunc sine ullo damno, etiam neglecto testatoris præcepto, heres quæ relicta legato servabit (1).

SECTIO TERTIA.

*De conditione natura seu moribus impossibili, quæ actum non suspen-
dit sed resolvit.*

---

51. — An regulæ conditionis quæ actum suspendit semper ad hanc conditionem quæ resolvit spectent?

---

51. — Priusquam rationes differentiæ quæ conditionum natura
seu moribus impossibilium effectus separat, sive adscriptæ sint
in testamento, legato, fidelcommisso, sive contractui adjectæ sint;
breviter loqui debemus de conditione impossibili natura seu moribus quæ ita concepta est ut non actum suspendat sed resolvat.

Sicut veræ conditiones, impossibiles natura seu moribus conditiones sive contractum ut suspendant sive ut resolvant concipi
possunt. Sed jam scimus hanc conditionem, quæ contractum resolvit, posse pro conditione, quæ contractus rescisionem suspendit, haberi. Igitur conditio impossibilis, quæ actum in quo inserta
est semper vitiat, necessario rescisionem contractus vitiare debet
et generaliter decidendum est contractum, ut si sine conditione
factus fuisset, valere.

Attamen accuratissime discernendum est an contrahentes,
quum in contractu hanc conditionem scribunt, quæ resolvit
contractum, sic agant ut legi fraudem faciant. Verbi gratia :
si quis cuiquam centum promiserit sub conditione, quæ contractum resolvit, si turpe factum non gesserit; si generaliter decidendum esset, conditio, quæ contra mores factum continet, vi-
tiaretur, vitiaretque contractus rescisionem; ut pure facta valeret
igitur hæc stipulatio. Sed in hoc casu contra mores directa est
voluntas, et ut mores observati sint contractus nullius erit momenti.

(1) Cod. 6, tit. 41, l. 1.

CAPUT TERTIUM.

CUR IN ULTIMIS VOLUNTATIBUS CONDITIONES NATURA VEL MORIBUS IMPOSSIBILES PRO NON SCRIPTIS HABEANTUR, CONTRACTUS AUTEM VITIENT ?

—

52. De diversis sententiis in hac quæstione. — 53. De conditione in non faciendo concepta. — 54. De argumentis quæ decisioni Justiniani adversantur. — 55. Conditiones contra mores scriptæ pro nullis in testamentis primum declaratæ fuerunt. — 56. De argumentis quæ efficiunt ut, in testamento posita, conditio contra mores scripta pro nulla habeatur. — 57. Ex analogia impossibiles conditiones pro nullis in testamento habitæ fuerunt.

————

52. — Huic præcipuæ quæstioni materia conditionum moribus seu natura impossibilium submittitur; est tamen perdifficile hanc quæstionem clarissime exponere.

Gaius ipse, postquam conditionem natura seu moribus impossibilem vitiare contractus statuisset et, contrario, eamdem conditionem in testamento positam vitiari et pro non scripta habendam esse, licet ex schola Sabinianorum sit, vix idoneam diversitatis rationem reddi posse fatetur.

Proculeiani existimabant testamentum, legatum, fideicommissum non minus quam contractus a conditionibus impossibilibus vitiari.

Omnes jurisconsulti romani super hanc subobscuram quæstionem, usque ad tempus Justiniani, diverse sentierunt. Ulpiani ex sentenlia : « Obtinuit conditiones impossibiles adscriptas pro nullis habendas, » clarius nobis apparet hanc opinionem non sine obstaculis et objectionibus tandem prævaluisse. Attamen imperator Justinianus sententiam Sabinianorum secutus est atque voluit effectus conditionum impossibilium natura aut moribus non similes esse, pro ut contractibus aut testamentis appositæ sunt.

53. — Sciendum est cæterum hoc semper indubitatum fuisse conditiones impossibiles in non faciendo conceptas, testamentis appositas, pro nullis habendas, ut evidenter apparet et hoc fragmento Digestorum : si in non faciendo impossibilis conditio in institutione heredis sit expressa, secundum omnium sententiam, heres erit perinde ac si puro institutus esset; et recte, nam si, verbi gratia, testator heredem instituerit, si digito cœlum non tetigerit, luce clarius est hunc testatorem nunquam cogitare potuisse conditionem aliquam institutioni adjectam fuisse (1).

Item non dubitatum fuit quin conditio impossibilis, in non faciendo concepta, contractibus apposita, sit necessaria conditio et consequenter quin contractus valeant. Etenim in conditione impossibili, in faciendo concepta, est affirmatio, in conditione impossibili in non faciendo autem negatio, quæ negatio non est impossibilis sed necessaria..

54. — Difficultas igitur fit maxima quum conditiones impossibiles in faciendo conceptæ sunt, nam hic concurrunt argumenta magni momenti et ponderis, quorum præcipua ex solito effectu conditionis aut ex voluntate testatoris suppeditari possunt. Etenim, pro ut factum, ex quo pendet conditio, eventurum est vel non, sive a principio impossibile sit, sive serius deficiat, actus in quo inserta est conditio valere vel non debet.

Deinde cum testator in testamento conditionem scripsit, quam impossibilem esse sciebat, non serio egisse sed potius jocatus fuisse videtur. Hæc interpretatio in hoc fragmento Digestorum inest, cum conditio impossilis contractui apposita sit : quorum procul dubio in hujus modi actu talis cogitatio est, ut nihil agi existiment, apposita ea conditione, quam sciunt esse impossi-

(1) Dig., lib. 28, tit. 7, l. 50, § 1.

bilem (1). Et nihil impedit quominus hæc conditio in testamento posita ita explicata sit. Imo hæc interpretatio apud Digesta verbis expressis reperitur; nam servus, cui libertas testamento data est, non est tamen statuliber, si libertas in tam longum tempus collata sit, ut usque ad hoc tempus servus vivere posse non videatur, vel si testator tam difficilem, imo pene impossibilem conditionem adjiciat, ut aliunde ea libertas obtingere non possit, verbi gratia : si servus millies præbuerit; denique si testator solum modo servum liberum esse jubeat cum ille servus morietur (2).

Ex hac dissertatione nobis apparet argumenta, quæ contra decisionem Sabinianorum propugnant, e stricta observatione juris regularum oriri.

55. — Attamen jurisprudentia a Justiniano definite statuta fuit, atque ut nos hujus difficultatis solutionem dare enitamur, primum decidendum est conditiones contra mores aut leges scriptas primas pro nullis habendas in testamentis, dein ex analogia conditiones natura impossibiles etiam declaratas fuisse. Etenim Romani non sæpe conditiones natura impossibiles testamentis suis apponebant, dum conditiones contra mores aut leges sæpe scribi poterant. Hinc, illud multum referebat ut conditionum contra mores regulæ compositæ sint.

56. — Conditiones quæ cum moribus aut legibus propugnant evidenter non valituræ sunt, sive contractui sive testamento appositæ sint. Sed si contractui appositæ sint vitiantur conditiones et contractum vitiant, si contrario testamento adjectæ sint solæ vitiantur et non testamentum vitiant.

Etenim in contractibus omnium voluntas spectanda est, cum res in contractibus duorum pluriumve consensu agatur; et stipulator vel creditor petere adversus conditionem, quam ipse adjecit, non potest; potius ambo credendi sunt nihil egisse quia sciverunt contra mores esse conditionem. Si contrario pro nulla haberetur contra mores conditio et si tamen contractus valeret, non omnium voluntas spectaretur. Verbi gratia : quum quis centum cuiquam promiserit, si iste rem malam egerit; conditione

(1) Dig., lib. 44, tit. 7, l. 31.
(2) Dig., lib. 40, tit. 7, l. 4, § 1.

pro nulla habita, contractus in donationem versaretur contra promissoris voluntatem et favore stipulatoris qui tamen promissionis illicitæ fuit conscius. Hæc decisio igitur non est admittenda, contractus debet vitiari.

Testator autem non credendus est frustra et inutiliter testari voluisse, nam certe sibi aliquem esse heredem voluit. Si igitur testator conditionem contra mores testamento adjiciat, male agere sed tamen testari videtur; dum in contractu solum aliquid promitti videtur ut male agatur. Imo favore testamenti a testatore, etiam sciente non posse conditionem impleri, tamen heredem institui credendum est. Hæc benigna interpretatio in hac Digestorum lege inest : « Cum in testamento ambigue aut etiam perperam scriptum est, benigne interpretari et secundum id quod credibile est cogitatum, credendum est (1). » Porro si testator præsertim aliquem heredem esse voluisse videatur, simul ea omnia voluisse creditur, sine quibus aliquis heres esse non potest; sed vero quis heres esse non potest nisi conditio contra mores pro non scripta habeatur; quamobrem hoc quoque voluisse testator videtur, ut conditio vitietur sed non testamentum vitiet.

Etsi testator non præsertim aliquem heredem habere sed potius conditionem impleri, quam testamento apposuit, voluisset, eadem decisio est valida, nam præmium culpæ conscio non offert, cum in testamento res solius voluntate testatoris agatur, et nihil sit quod imputemus heredi legatariove contra mores conditionem adscriptam fuisse, cum id factum sit absque eorum consensu. Si igitur, valido testamento manente, testatoris voluntas contempta fuerit, penes eum solum culpa erit. Si contrario vere testator aliquem heredem præsertim habere voluit, hoc solo modo voluntati ejus paremus, cum mortuus sit et sub alia conditione possibili renovare dispositionem nequeat; dum in contractibus, si contrahentes, conditione contra mores remota, tamen contrahere voluerunt, semper renovare contractum possunt.

57. — Ut supra diximus, conditionum natura impossibilium effectus ex analogia similes his conditionum contra mores scrip-

____

(1) Dig., lib. 34, tit. 5, l. 24.

tarum facti sunt. Etenim in conditionibus relative impossibilibus, sicut in conditionibus contra mores scriptis, eadem argumenta sunt magni ponderis et momenti. Verbi gratia : cum quis Titium heredem instituit, sub conditione, si Mœvio centum dederit ; si Mœvius mortuus esset, nesciente testatore, conditio est relative impossibilis. Sed decidendum est, a fortiori ratione, Titium sibi heredem habere et centum Mœvio dari simul testatorem voluisse. Etsi centum igitur Mœvio dare Titius non possit, hic nec minus hereditatem capiet.

Conditiones absolute impossibiles raro in dispositionibus scriptæ sunt; et licet omnia argumenta, quæ jam exposuimus, ad eas non spectent, ex sola analogia effectus earum similes esse his conditionum contra mores scriptarum decidendum est.

Denique, ut generaliter hæc quæstio exposita sit, notandum est contrahentes communi consensu conditionem impossibilem contractui apponentes, eo animo fuisse videri ut nec se aliis, nec alios sibi obligare sed magis ludere voluerint; testatorem contrario, supremam voluntatem suam condendo, ita de extremis sollicitum, in re tam seria non jocari sed serio agere voluisse videri, et decidendum est conditionem impossibilem ei incogitanter excidisse, quam heredi instituto imputari non potest.

Tales sunt rationes hujus præcepti quod in jurisprudentia apparet : necessarium esse omnimodo institutionem aut dispositionem valere; et testatoris voluntatem, tantum quantum possibile esset, plenum effectum habere.

DROIT FRANÇAIS.

DES CONDITIONS PHYSIQUEMENT OU MORALEMENT IMPOSSIBLES.

CHAPITRE PREMIER.

NOTIONS GÉNÉRALES SUR LA CONDITION.

1. Origine de la condition. — 2. Acceptions du mot condition. — 3. Effets de la condition insérée dans un contrat et de celle insérée dans un testament. — 4. Deux éléments essentiels de la condition. — 5. Impossibilité de la condition.

1. — L'homme intelligent et libre pense et agit, et de l'exercice de ces deux facultés, l'intelligence et la liberté, résulte la volonté humaine, c'est-à-dire la plus noble prérogative que Dieu nous ait accordée. Cette volonté, limitée dans ses actes extérieurs par les obstacles invincibles que la nature oppose à la faiblesse de nos organes, peut dans l'ordre moral librement s'exercer soit en bien, soit en mal; l'homme est vertueux ou vicieux, et mérite ainsi les récompenses ou les peines que la justice divine lui réserve au sortir de cette vie.

Dans l'ordre des sociétés, sous l'empire du droit positif, les actes procédant de la volonté de l'homme ne sont plus seulement limités par la nature, ils le sont encore par des règles d'institution humaine. Le législateur ne pouvait permettre que l'homme nuisît impunément à ses semblables, ou que, faisant injustement prévaloir son intérêt particulier au mépris de l'intérêt général, il apportât ainsi un trouble profond dans la société. Les lois sont donc venues restreindre dans certaines limites l'expression de la volonté; et le législateur, afin d'assurer l'exécution de ces lois, a établi, comme sanction, des peines destinées à châtier celui qui oserait les enfreindre.

Si, abandonnant l'ordre purement moral et l'ordre des sociétés, nous examinons les différentes modifications de la volonté chez celui même qui pense et qui agit, nous voyons cette volonté se restreindre elle-même, fixer des limites à sa propre extension. Ce ne sont plus les lois immuables de la nature ou les règles du droit positif qui s'opposent à l'exécution absolue des projets de l'homme, c'est lui-même qui, toujours en vertu de son intelligence et de sa liberté, apporte certaines restrictions à sa volonté. Ces restrictions, appliquées à l'objet de notre étude, peuvent consister soit dans la fixation d'une époque que l'homme désigne pour l'exécution de sa volonté, c'est le terme ; soit dans l'explication qu'il donne sur la manière d'exécuter sa volonté, quant aux circonstances qui doivent l'accompagner ou quant aux résultats qu'elle doit produire, c'est le mode ; soit enfin dans la prévision d'un événement de l'existence ou de la non existence duquel il fait dépendre la réalisation de ses projets, c'est la condition.

2. — Le mot condition est pris quelquefois dans une acception très-générale, et l'on comprend alors sous cette seule dénomination toutes les déclarations accessoires jointes à la déclaration principale de la volonté, et servant à la suspendre, à la résoudre ou à la modifier (1). Lorsqu'on donne au mot condition un sens

(1) C'est dans ce sens général que le mot condition sera le plus souvent employé dans la matière que nous traitons. Les conditions contraires aux lois, aux bonnes mœurs ou impossibles, que nous avons à étudier en elles-mêmes et dans les actes juridiques qu'elles accompagnent, comprendront donc toute déclaration accessoire de la volonté exerçant une influence incompatible avec les lois de la nature et celles de la morale sur la déclaration principale; que cette déclaration soit un contrat, un testament ou une donation.

plus restreint, il désigne tout événement futur et incertain qui suspend ou résout la disposition principale.

La condition consiste donc dans un fait qui influe singulièrement sur la manière d'être du contrat ou de la disposition de dernière volonté qu'elle accompagne; elle constitue l'état de ce contrat ou de ce testament, suivant les modifications de la volonté. Aussi donne-t-on pour étymologie au mot condition le verbe *condere*, qui veut dire établir, édifier, faire qu'une chose soit de telle manière. Si je déclare donner tel immeuble à quelqu'un, sous la condition que telle entreprise, dans laquelle je suis intéressé, réussira, la condition, suivant que l'entreprise désignée prospérera ou périclitera, assurera, établira la validité de la donation ou son anéantissement.

3. — La condition suspend ou résout l'obligation ou l'effet du testament, elle est donc suspensive ou résolutoire; on peut aussi la considérer comme toujours suspensive, puisqu'elle suspend l'existence ou la résolution de la disposition à laquelle elle est jointe. Il résulte de la condition une espérance de droit qui se transforme en un droit véritable ou s'évanouit complétement, suivant que la condition s'accomplit ou vient à défaillir.

Lorsque ce droit éventuel naît d'un contrat conditionnel, il ne peut être enlevé à celui au profit de qui il a pris naissance, autrement que par l'événement de la condition. Bien plus, cette espérance de droit passe aux héritiers du stipulant contre ceux du promettant, dans le cas où la mort des contractants précède l'événement de la condition. En effet, à moins de preuve contraire, chacun est censé stipuler et promettre pour soi et pour ses héritiers.

Il n'en est pas de même dans un testament; le droit éventuel résultant de la condition apposée à un legs repose bien d'une manière irrévocable sur la tête du légataire, à la mort du testateur, encore bien que la condition ne soit pas accomplie à cette époque; mais ce droit s'évanouit si le légataire meurt avant l'événement de la condition. Les héritiers, en réclamant la succession, ne peuvent profiter de cette espérance de droit attachée exclusivement à la personne du légataire. Le législateur suppose que les motifs de la libéralité sont tout particuliers à la personne du légataire ; en effet, les qualités personnelles de celui-ci, le besoin qu'éprouve tout noble cœur de reconnaître un service rendu, ont probablement déterminé le testateur à déroger à l'ordre légal des successions en faveur du légataire. Il faut donc décider dans cette circonstance, à moins d'une déclaration contraire formellement exprimée, que le legs est caduc. Le testateur ne peut avoir voulu que son legs, en cas de mort du légataire avant l'évènement de la condition, passât aux héritiers de celui-ci. On ne pouvait permettre qu'un indifférent, un individu que le testateur ne connaissait peut-être même pas, prît la place de celui qui avait été jugé digne d'une marque d'estime ou de reconnaissance.

4. — Le fait qui constitue la condition, qui suspend l'existence ou la non existence de l'obligation ou du legs, doit, comme nous l'avons dit, être futur et incertain ; ces deux qualités sont deux éléments essentiels de la condition proprement dite.

Le fait doit être futur, car nous savons qu'il doit suspendre l'existence ou la résolution de l'obligation ; or, s'il était passé ou présent, quand bien même les parties l'ignoreraient, tout serait par avance décidé, l'existence ou la résolution de l'obligation ne serait pas suspendue. En effet, si l'évènement avait réellement existé, l'obligation aurait immédiatement pris naissance ; si au contraire le fait n'avait jamais existé, l'obligation ne pourrait jamais naître ; il n'y aurait donc pas condition.

L'incertitude de l'évènement est aussi un caractère essentiel de la condition ; car si la condition devait nécessairement s'accomplir, l'obligation, l'effet du testament ne seraient pas suspendus, seulement on ignorerait l'époque de l'exécution. Le droit du stipulant ou du légataire serait immédiatement positif et non éventuel : il y aurait seulement terme et non condition. Lorsque, par exemple, je m'engage à vous donner tel fonds quand je mourrai, il y a seulement terme, car il est certain que je mourrai ; mais il y a terme incertain, car on ignore le jour où la vie cessera pour moi. Nous devons toutefois remarquer qu'un terme incertain dans un legs constitue une condition, en vertu du principe que nous avons exposé plus haut, qui veut que dans ce cas le droit éventuel devienne caduc lorsque le légataire meurt avant l'événement de la condition. En effet, quoique le terme incertain doive nécessairement arriver, il est douteux que ce soit du vivant du légataire et que par conséquent le legs soit valable ; or, du moment qu'il y a incertitude sur la validité du legs, il y a condition.

5. — Les conditions présentent une foule d'aspects différents, suivant les diverses modifications de la volonté, et ont été par conséquent soumises à un grand nombre de classifications, dont le sujet de cette thèse ne comporte pas l'examen. Nous avons seulement à nous occuper de l'impossibilité des conditions, et à étudier les effets de ces conditions impossibles dans les différentes matières du droit. Nous commencerons par examiner à un point de vue général les motifs qui ont guidé le législateur lorsqu'il a attribué des effets si différents aux conditions impossibles, suivant qu'elles sont insérées dans un contrat ou dans un acte de libéralité ; nous étudierons ensuite les diverses sortes d'impossibilités soit physiques, soit morales ; et enfin nous terminerons par l'examen des effets des conditions impossibles insérées dans les contrats, ou dans les donations entre-vifs et les testaments.

Nous avons déjà dit que les actes provenant de la volonté humaine se trouvaient limités par le droit positif ; que les lois avaient dû restreindre la liberté de chaque homme, afin de maintenir l'ordre social. Nous avons vu ensuite que l'homme lui-même restreignait sa propre volonté au moyen de conditions, c'est-à-dire de clauses accessoires jointes à la disposition principale et servant à la suspendre, à la résoudre ou à la modifier. Mais ces conditions peuvent elles-mêmes être limitées ; les lois de la nature peuvent se trouver incompatibles avec l'exécution de ces conditions, l'ordre moral peut être menacé par ces déclarations secondaires de la volonté, comme il peut l'être par les déclarations principales de cette même volonté. Nous sommes donc nécessairement amenés à reconnaître des conditions possibles, c'est-à-dire des conditions que l'ordre physique et l'ordre moral permettent d'insérer dans un acte quelconque, et des conditions impossibles, c'est-à-dire des conditions à l'accomplissement desquelles s'oppose la nature, ou des conditions qu'on juge contraires aux lois ou aux bonnes mœurs.

CHAPITRE II.

DIFFÉRENCE DES EFFETS DES CONDITIONS PHYSIQUEMENT OU MORALE-
MENT IMPOSSIBLES, SELON QU'ELLES SONT INSÉRÉES DANS UN ACTE DE
LIBÉRALITÉ, OU QU'ELLES ACCOMPAGNENT UN CONTRAT AUTRE QUE
LA DONATION ENTRE-VIFS.

———

———

6. — Nous savons que certaines conditions ne peuvent être accomplies à cause des obstacles que la nature apporte à leur exécution, que d'autres conditions, possibles naturellement, sont cependant censées ne pas l'être, parce que leur accomplissement violerait les lois ou outragerait les mœurs; nous connaissons par conséquent ce qu'on entend par conditions physiquement ou moralement impossibles. Avant de préciser les points de rapprochement ou de différence qui existent entre ces sortes de conditions, avant d'étudier les caractères qui les distinguent et de

traiter les questions délicates que peut soulever cette étude, surtout en ce qui concerne les conditions immorales, nous devons commencer par nous occuper d'une des plus sérieuses difficultés que présente notre législation; c'est celle produite par le rapprochement des art. 900 et 1172 du Code Napoléon. Cette question domine toute la matière des conditions impossibles, puisqu'elle est relative à l'effet de ces conditions dans les différentes matières du droit :

« Dans toute disposition entre-vifs ou testamentaire, les conditions impossibles, celles qui sont contraires aux lois ou aux mœurs, seront réputées non écrites, art. 900. »

« Toute condition d'une chose impossible ou contraire aux bonnes mœurs, ou prohibée par la loi, est nulle, et rend nulle la convention qui en dépend, art. 1172. »

Tels sont les deux textes de la loi française sur cette question.

Si nous ne consultons que la logique rigoureuse, il est bien évident que, lorsque la volonté se manifeste d'une manière complexe, lorsque l'homme ordonne que telle chose soit faite pourvu que telle autre ait lieu, on doit décider que le premier fait ne devra pas être exécuté si on reconnaît que le second fait, auquel le premier est subordonné, est impossible. Ainsi, lorsqu'une condition impossible est insérée dans une disposition à titre gratuit ou à titre onéreux, cette disposition ne devrait pas être exécutée, puisque le fait de l'existence duquel elle dépend ne peut exister.

7. — Cependant le droit romain, la raison écrite, comme on l'a justement appelé, admit une autre règle. Les conditions impossibles furent réputées non écrites dans les actes de dernière volonté et annulèrent les contrats. Deux sectes célèbres de jurisconsultes discutèrent longuement cette question, qui fut enfin tranchée dans le sens que nous indiquons.

A Rome, où l'hérédité testamentaire était en honneur, où chaque citoyen tenait à avoir un testament, à laisser après lui une marque durable de sa volonté en créant un héritier, ou la crainte de voir quelqu'un mourir *intestat*, fit même admettre la substitution pupillaire et la substitution quasi-pupillaire, qui permettaient au père de faire le testament du fils impubère ou insensé, on comprend cette règle favorable au maintien des dispositions de dernière volonté. Si elle s'écarte de la logique rigoureuse qui voudrait que de l'existence du fait, objet de la condition, on fît toujours dépendre l'existence du rapport de droit, et que, par conséquent, de la nullité de la condition résultât la nullité du testament, elle a pour elle la justification de son opportunité, puisqu'elle avait pour but de favoriser une institution si chère aux Romains.

8. — Les textes romains se taisent en général sur les motifs théoriques qui pourraient justifier cette différence entre les effets des conditions impossibles, suivant qu'elles sont insérées dans un contrat ou qu'elles accompagnent un testament. Certains jurisconsultes modernes ont essayé de donner des raisons à l'appui de la disposition romaine, en se fondant sur la volonté présumée des parties et sur leurs qualités respectives. On a prétendu que dans un contrat les parties, en apposant une condition impossible, montraient évidemment qu'elles n'entendaient point s'obliger, qu'on devait supposer plutôt qu'elles avaient voulu plaisanter que croire qu'en s'entendant sur un pareil acte elles avaient eu l'intention d'agir sérieusement. On ajoute que dans un testament la supposition contraire est vraisemblable, que le testateur sur le point de quitter la vie ne peut s'être livré à un badinage ridicule, qu'une erreur ou une distraction seule a pu lui faire insérer la condition impossible, qu'enfin sa volonté sérieuse, qui est d'avoir un héritier ou un légataire, ne peut se trouver viciée par une condition à laquelle, dans son esprit, il n'avait pas réellement subordonné sa volonté principale.

Dans un autre ordre d'idées, on a dit que la condition impossible ou immorale étant l'œuvre des deux parties contractantes dans la convention, aucune d'elles ne pouvait se prévaloir d'un engagement qu'elle savait n'être qu'une plaisanterie ou une action honteuse venant de son propre fait ; que dans les testaments au contraire, le testateur ayant seul apposé la condition impossible ou immorale, la faute devait être imputée à lui seul, qu'il était justement puni de sa légèreté ou de sa turpitude par la perte du legs qui est déféré sans que le légataire, qui n'a pris part en aucune façon à la confection du testament, soit obligé d'accomplir la condition impossible ou immorale.

Quand on s'attache à justifier un acte, il est rare que quelques arguments spécieux ne viennent pas éblouir l'esprit, en lui fournissant sous l'apparence de la raison les moyens d'établir la justification de l'acte le plus contraire aux saines notions du juste. C'est ce qui est arrivé aux auteurs de ces raisonnements. Ne voit-on pas d'abord qu'un testateur, lorsqu'il choisit un héritier ou qu'il gratifie un donataire, fait un acte sérieux qui exige que ses facultés intellectuelles ne soient pas altérées au point de lui enlever la raison ? Or, si nous supposons que le testateur a agi sérieusement, nous devons admettre qu'il a clairement exprimé l'intention de n'avoir ni héritier ni légataire, en subordonnant son institution d'héritier ou son legs à une condition impossible. En effet, il a voulu que l'hérédité ou le legs ne fût dévolu à l'héritier ou au légataire qu'autant qu'une condition, dont il connaissait parfaitement l'impossibilité, puisqu'il devait être sain d'esprit, fût accomplie. Si nous supposons que le testateur n'a pas agi sérieusement, la présomption que nous devons tirer de ce badinage indécent pour l'homme prêt à quitter la vie sera encore plus contraire à la validité du testament. En effet, nous devons croire que le moribond, sur le point de franchir le seuil de l'éternité, qui insère une condition ridicule dans l'acte suprême de sa vie d'ici-bas, n'a plus l'exercice de son intelligence et que le testament est l'œuvre d'un insensé. Ainsi donc, dans la première supposition il n'y a ni héritier, ni légataire, puisque le testateur agissant sérieusement, avec l'exercice de sa raison, a exprimé d'une manière très-claire qu'il ne voulait pas en avoir; dans la seconde, le testateur n'avait plus la capacité nécessaire pour instituer un héritier ou gratifier un donataire.

Quant au second argument, qui consiste à soutenir que le testateur étant seul coupable d'avoir apposé une condition impossible ou immorale, lui seul doit être puni par la perte de son legs qui est déféré, sans que le légataire soit forcé d'accomplir la condition; il est facile de répondre que le testateur serait mieux puni si la disposition entière était annulée, que le légataire n'est pas plus innocent et ne mérite pas plus de faveur que l'héritier *ab intestat*, enfin qu'en annulant le legs on éviterait le danger qui peut exister de voir un légataire, par un faux scrupule de conscience, penser qu'il est obligé d'accomplir l'acte immoral inséré dans la condition.

9. — Sans prétendre vouloir justifier complétement la disposition du droit romain, qui a exercé une si grande influence sur le droit français, nous pensons qu'il est cependant possible, en abandonnant la logique rigoureuse qui ne peut admettre qu'un acte subordonné à une condition existe quoique cette condition ne puisse être accomplie, qu'il est possible, disons-nous, de donner une explication satisfaisante, du moins quant aux conditions immorales, de la législation qui, sur ce point, avait prévalu à Rome.

Nous devons admettre que les jurisconsultes romains ont eu pour but tout d'abord de s'occuper des conditions immorales, et que c'est pour régler l'effet de ces conditions insérées dans les dispositions de dernière volonté que le principe qui nous occupe a été admis. Plus tard, on décida que les conditions impossibles devaient avoir des effets identiques aux effets des conditions immorales, et la règle faite uniquement pour celles-ci fut appliquée aux conditions impossibles. En effet, l'usage des conditions impossibles devait être peu fréquent, et on ne comprendrait pas que les Romains eussent pu insérer assez de conditions ridicules dans leurs testaments pour donner à cette question toute l'importance qu'elle a eue. Les conditions immorales, au contraire, se multipliant sous toutes les formes, ont dû dès le principe préoccuper le législateur.

Si donc nous raisonnons sur la condition immorale seule, sans vouloir la considérer comme impossible, et si nous examinons les effets que produit son accomplissement, nous voyons qu'il cause un mal moral, et que par conséquent le droit positif devait empêcher l'exécution de cette condition. Ce résultat pouvait être obtenu de deux manières : soit en annulant l'acte entier dans lequel se trouve insérée la condition, soit en annulant seulement la condition. La première solution fut appliquée aux contrats; elle est évidemment plus logique, puisqu'on est d'accord pour reconnaître que la condition, à laquelle est subordonné un acte quelconque, lorsqu'elle vient à défaillir, entraîne toujours la nullité de cet acte. La seconde solution fut appliquée aux dispositions de dernière volonté, et des motifs sérieux peuvent être donnés en faveur de cette décision. En effet, si nous recherchons l'intention du testateur, on ne peut plus dire, comme pour les conditions impossibles, qu'il a déclaré qu'il ne voulait pas plus avoir d'héritier ou de légataire qu'il n'était possible d'accomplir la condition apposée par lui. La condition immorale, qui plus tard a été assimilée à la condition impossible par suite de la fiction qui considère le mal moral comme impossible pour l'homme de bien, n'est pas réellement impossible ; elle peut souvent en fait recevoir son exécution. Nous devons donc reconnaître que le testateur a voulu causer un mal moral, mais qu'il a voulu aussi bien certainement disposer de tout ou d'une partie de ses biens. Il est possible même que, quand il n'eût pas inséré la condition immorale, il eût également institué un héritier ou gratifié un légataire ; cette présomption devient même d'une grande vraisemblance si nous nous souvenons de quelle importance était un testament pour le citoyen romain. Cette règle, qui répute non écrite la condition immorale insérée dans un acte de dernière volonté, était donc basée à Rome sur cette volonté présumée de tout testateur d'avoir un héritier, et sur cette considération qu'en insérant une condition immorale ce testateur n'avait pas déclaré d'une façon expresse l'intention de ne pas avoir d'héritier.

10. — Quant aux résultats de ces deux décisions différentes pour les contrats et les dispositions de dernière volonté, nous devons reconnaître aussi qu'ils ne sont pas contraires à la justice, et que, même en admettant dans les deux cas des suppositions contraires à celles que nous avons prouvées être vraisemblables et qui motivent l'annulation du contrat et le maintien du testament, la règle n'offrirait pas encore de grands inconvénients.

En effet, si nous supposons que par extraordinaire, dans un contrat, les parties contractantes n'aient pas eu surtout en vue la condition immorale, qu'elles eussent également contracté encore bien que la condition immorale n'eût pas été ajoutée, supposition fort improbable, puisque généralement l'engagement immoral pris par l'une des parties est la cause du contrat ; néanmoins l'annulation du contrat ne causera pas de mal irréparable, puisque les mêmes parties pourront renouveler le même contrat, en ayant soin de ne pas y insérer de conditions contraires aux lois ou aux bonnes mœurs. Dans la même supposition, qui était très-vraisemblable à Rome, à savoir, que le but principal du tes·tateur était d'avoir un héritier, si on avait annulé le testament, le mal eût été irréparable, puisque le testateur serait mort et n'aurait pu renouveler ses dispositions testamentaires.

Si nous supposons au contraire que dans un testament le but principal du testateur a été de causer un mal moral, en insérant une condition contraire aux lois ou aux mœurs, quoique nous ayons prouvé qu'à Rome le testateur devait surtout vouloir faire un héritier, le maintien du testament, dans cette supposition improbable, violera bien la volonté du testateur, mais celui-ci est peu digne d'intérêt puisqu'il a eu une intention criminelle; de plus, le maintien du testament n'aura pas l'inconvénient de ré-compenser un indigne, puisque l'héritier est étranger à la con-dition immorale. Dans la même supposition fort probable pour le contrat, le maintien du contrat ferait profiter un indigne de sa propre turpitude, puisque les deux parties ont consenti à ce qu'un acte immoral ait lieu.

De ces différentes appréciations nous pouvons donc conclure que, pour suivre la volonté présumée du testateur et surtout pour diminuer autant que possible les chances de nullité des tes-taments, le droit romain devait abandonner la théorie pure, et décider que la condition immorale n'emporterait pas la nullité de la disposition de dernière volonté à laquelle elle serait jointe.

11. — Cette règle fut ensuite étendue aux cas, assez rares du reste, où une condition impossible est insérée dans un acte de dernière volonté. Cette extension peut même être justifiée quant aux cas où la condition contient seulement une impossibilité de fait, c'est-à-dire lorsque la condition n'est pas en général incom-patible avec les lois de la nature, mais ne peut cependant rece-voir d'exécution par suite d'une circonstance particulière que le testateur ignorait. En effet, le même raisonnement que nous avons fait plus haut peut être appliqué à ce cas. On peut même dire que la présomption, que le testateur a voulu surtout faire une libéralité, choisir un héritier, est encore plus forte que dans

le cas de la condition immorale. Un testateur institue, par exemple, Titius pour héritier, sous la condition que Titius rendra un service à Mœvius. Au moment où le testateur faisait son testament, et sans qu'il le sût, Mœvius était mort; la condition est donc impossible. On ne peut douter dans ce cas que le testateur n'ait voulu avoir Titius pour héritier, puisqu'il était persuadé que Mœvius était vivant.

Quant aux conditions d'une impossibilité absolue, leur peu d'importance résultant du petit nombre de cas où nécessairement elles devaient se présenter, les fit assimiler aux conditions immorales et aux conditions qui ne présentent qu'une impossibilité de fait; on voulut régir, peut-être contrairement à la logique, par une seule règle toutes les conditions physiquement ou moralement impossibles.

Telle est l'explication qui nous parait la plus plausible de cette règle du droit romain.

12. — L'ancienne législation française, qui avait tant emprunté au droit romain, accueillit cette règle; dans les pays de d oit écrit, elle fut suivie comme loi positive, et dans les pays de coutume elle servit de guide.

Le droit intermédiaire consacra le même principe; la loi du 11 septembre 1791 étendit même les cas où les conditions immorales devaient être réputées non écrites, en considérant comme contraires aux lois ou aux mœurs toutes les conditions qui auraient pu porter atteinte à la liberté de l'héritier ou du donataire.

Cette loi, rendue au moment où une révolution allait renverser l'ancienne société, où les auteurs de cette révolution s'efforçaient par de nouvelles institutions d'y préparer les esprits, devait nécessairement subir l'influence des idées du temps. Cette loi fut donc conçue dans un but politique, et principalement dirigée contre les adversaires du nouvel ordre de choses, inauguré par la révolution. Un grand nombre de personnes étaient opposées aux institutions récentes; beaucoup étaient disposées à ne pas s'y soumettre. Les donations entre-vifs ou testamentaires offraient un moyen de contraindre celui qui acceptait une libéralité à ne pas adopter le régime nouveau et à suivre les usages du régime qui finissait.

4

Tels furent les motifs de la loi de 1791, ainsi conçue : « Toute clause impérative ou prohibitive qui serait contraire aux lois ou aux bonnes mœurs, qui porterait atteinte à la liberté religieuse du donataire, héritier ou légataire, qui gênerait la liberté qu'il a soit de se marier avec telle personne, soit d'embrasser tel état, emploi ou profession, ou qui tendrait à le détourner de remplir les devoirs imposés et d'exercer les fonctions déférées par la Constitution aux citoyens actifs et éligibles, est réputée non écrite. »

Cette loi apportait une modification fort importante dans la législation ; les conditions immorales n'étaient plus seulement réputées non écrites dans les testaments comme le voulait le droit romain, elles l'étaient encore dans les donations entre-vifs, c'est-à-dire dans une espèce des contrats.

Les dispositions de cette loi laissaient de plus à l'appréciation des tribunaux une latitude beaucoup trop grande, en élargissant énormément le cercle des conditions contraires aux lois ou aux mœurs. Il suffisait que l'accomplissement de la condition gênât la liberté de l'héritier ou du donataire pour qu'on pût réputer la condition non écrite.

La loi du 5 brumaire et celle du 17 nivôse an II reproduisirent plus tard les dispositions de la loi de 1791 et augmentèrent encore le nombre des conditions qu'on devait réputer non écrites, puisqu'elles déclarèrent que la condition de ne pas se remarier, passée sous silence dans la loi de 1791, devait être rangée parmi celles qui demeureraient sans effet. Ces lois révolutionnaires ne respectèrent même pas le principe de la non rétroactivité ; elles déclarèrent que la loi de 1791 aurait un effet rétroactif, disposition qui fut abolie par la loi du 9 fructidor an III.

13. — Le Code Napoléon vint donner à la France une législation uniforme, et la loi du 30 ventôse an XII, sur la réunion en un seul corps de lois des différents chapitres du Code, enleva à la législation intermédiaire une grande partie de son autorité, en déclarant abrogées les anciennes lois qui concernaient les matières dont s'était occupé le législateur de 1804. Il faut donc considérer comme non avenues les exagérations des lois révolutionnaires que nous avons citées sur la détermination des conditions immo-

rales, et tenir pour constant que toutes les fois qu'il s'agira de déterminer la nature d'une condition, les tribunaux devront seulement prendre pour guide les lois et les mœurs, en se souvenant que la condition ne doit pas être rejetée seulement parce qu'elle est gênante.

Malheureusement le Code ne s'est pas complétement dégagé, sur cette matière, de l'influence du droit intermédiaire; et, quelque respect que nous professions pour le monument admirable que nous ont légué les législateurs de 1804, nous sommes obligés d'avouer que les dispositions de la loi française sur notre sujet nous paraissent inconciliables avec les saines notions du droit et réclament impérieusement une réforme.

Le Code, dans l'article 1172, consacre les saines maximes en déclarant nul le contrat vicié par une condition physiquement ou moralement impossible; mais, dans l'article 900, au titre des donations entre-vifs et testamentaires, il veut que ces conditions insérées dans un testament ou dans une donation soient réputées non écrites et laissent subsister l'acte qu'elles accompagnent. Il reproduit la législation romaine pour les testaments, la loi de 1791 pour les conditions immorales insérées dans les donations, et il ajoute encore à cette loi en déclarant également non écrites les conditions physiquement impossibles insérées dans les donations.

14. — Nous savons qu'à Rome, la règle qui déclara non écrites les conditions physiquement ou moralement impossibles insérées dans un testament prévalut difficilement, que ses partisans avouaient même qu'elle était difficile à justifier. Nous avons discuté cette règle, et nous avons essayé de montrer qu'impossible à expliquer, quant aux conditions absolument impossibles, puisque le testateur déclare d'une façon expresse qu'il n'entend avoir d'héritier ou de légataire, qu'autant qu'une condition qu'il sait impossible s'accomplira, on ne peut donner d'explication satisfaisante sur son introduction dans la législation romaine, qu'en supposant qu'elle ait d'abord été admise uniquement pour les conditions immorales, qui laissent du doute sur l'intention du testateur. En effet, nous avons dit que ce testateur pouvait avoir voulu, non pas seulement causer un mal moral, mais surtout avoir

un héritier ou un légataire. Enfin, nous avons dit que cette dernière présomption devait nécessairement l'emporter sous l'empire d'une législation qui favorisait singulièrement le maintien
des dispositions testamentaires, et chez une nation dont chaque
membre tenait énormément à avoir un héritier.

Mais sous l'empire de la législation française, qui a mis au
premier rang l'hérédité *ab intestat*, qui a admis ce précepte de
l'ancien droit coutumier : Dieu seul fait l'héritier, et l'homme le
légataire, comment concevoir cette dérogation à la logique du
droit, au profit de l'héritier testamentaire et au détriment de
l'héritier du sang, ordinairement entouré de toute la sollicitude
de la loi!

En vain prétendrait-on que c'est le testateur, qui appose une
condition ridicule ou immorale dans son testament, qui est justement puni par la perte de son legs que reçoit le légataire,
sans être obligé d'exécuter la condition. Nous avons déjà dit,
quand nous avons discuté la question au point de vue du droit
romain, et nous pouvons répéter avec plus de force encore, sous
la législation française, que cette règle est injuste, puisqu'elle
punit non pas le testateur qui a quitté cette vie, mais bien l'héritier du sang, ordinairement favorisé par la loi française, et qui
devait compter sur une succession que lui enlève une volonté
capricieuse ou immorale.

Quant à l'extension de la règle aux donations entre-vifs, elle
est encore plus inexplicable que l'introduction de la loi romaine
dans nos testaments. Est-ce par inadvertence que cette assimilation des effets des conditions impossibles dans les donations aux
effets de ces conditions dans les testaments s'est glissée dans la
loi? Les donations et les testaments ayant assez généralement des
règles communes, et ayant par conséquent ordinairement été
traités cumulativement par nos anciens jurisconsultes, peut-être,
par suite de cette habitude, les rédacteurs du Code, après avoir
réputé non écrites les conditions impossibles dans les dispositions
testamentaires, ont-ils ajouté : et dans les dispositions entre-vifs,
sans se rendre compte des vices d'une telle loi? Toujours est-il
qu'il est impossible de motiver une semblable extension, même
en admettant les raisons de ceux qui pensent que les conditions

impossibles ou immorales sont justement réputées non écrites dans les testaments. Les seuls motifs qu'on puisse donner, non pas pour justifier cette extension contraire à toutes les notions du droit, mais pour expliquer sa création, seraient les mêmes que ceux qui ont guidé les auteurs de la loi de 1791 et ceux des lois de l'an II dont nous avons parlé. Les rédacteurs du Code ont peut-être même pensé que ces motifs politiques étaient encore plus puissants que précédemment, puisqu'ils ont ajouté à la loi de 1791, en déclarant non écrites même les conditions physiquement impossibles insérées dans les donations entre-vifs. Nous ne pouvons approuver de semblables motifs, et la condamnation d'une telle règle se trouve dans les résultats qu'entraîne son application.

15. — Deux individus s'entendent pour contracter, l'un fait une donation, l'autre l'accepte. Une condition impossible est insérée dans cette donation, et les deux parties sont d'accord pour que cette donation soit subordonnée à l'accomplissement de la condition. La loi répute la condition non écrite, et adjuge sans condition le bénéfice de la donation au donataire. On ne peut violer plus ouvertement la volonté des parties. On n'a même pas, comme dans le cas du testament, à faire valoir des raisons spécieuses ; on ne peut dire que la donation n'étant l'œuvre que d'une seule partie, l'autre partie ne doit pas souffrir de la faute de celui qui s'est livré à un badinage ridicule en insérant une condition impossible. On est en présence de deux parties qui déclarent l'une donner, l'autre recevoir sous une condition absurde, et la loi donne un effet à un pareil contrat, qui prouve évidemment par lui-même que ses auteurs n'ont pas agi sérieusement !

Mais, si nous supposons une condition immorale insérée dans une donation entre-vifs, nous arrivons à un résultat encore plus choquant. Les deux parties sont coupables d'avoir voulu l'accomplissement d'un acte contraire aux lois ou aux bonnes mœurs, l'une en l'imposant, l'autre en promettant de l'exécuter, et on déroge à la logique qui veut que, lorsqu'une condition de l'exécution de laquelle dépend une disposition vient à défaillir, la disposition elle-même s'évanouisse ; on déroge, dis-je, à ce principe pour favoriser un homme digne de mépris, qui vient de conclure un pacte infâme !

On reconnaît qu'il est utile d'annuler un contrat fait sous une condition immorale, parce que s'il n'était pas annulé, la partie qui aurait profité de son exécution, par un faux scrupule de conscience, se croirait peut-être obligée d'accomplir la condition qu'on aurait seulement réputée non écrite ; et on maintient la donation, c'est-à-dire le contrat à l'occasion duquel la partie qui profitera de l'exécution sera d'autant plus disposée à accomplir l'acte immoral, que la donation constitue une libéralité dont elle a profité ! Cette innovation de la loi française, au point de vue de la logique du droit, au point de vue de l'utilité morale, est donc aussi inconséquente que dangereuse.

16. — Nous pouvons maintenant résumer en quelques mots cette grave question des effets des conditions physiquement ou moralement impossibles.

A Rome, ces conditions annulaient toujours le contrat, quelle que fût sa nature ; elles étaient réputées non écrites dans les actes de dernière volonté. Cette dérogation au droit pur, motivée surtout par la faveur dont jouissait l'hérédité testamentaire, peut jusqu'à un certain point s'expliquer, si on suppose la règle faite d'abord pour les conditions immorales, dans lesquelles le testateur ne manifeste pas d'une manière aussi formelle qu'il entend que sa disposition n'ait d'effet qu'autant qu'une impossibilité se réalise, et à l'occasion desquelles l'importance que chaque citoyen romain attachait à avoir un héritier faisait présumer que l'intention principale du testateur eût été exprimée par lui, encore bien que la condition immorale n'eût pas été insérée.

Après avoir passé dans notre ancienne législation, cette règle se perpétua à tort, selon nous, dans le droit intermédiaire et dans le Code Napoléon. A tort, disons-nous, car la faveur accordée à Rome à l'hérédité testamentaire, qui avait fait fléchir la rigueur des principes, n'existe plus en France. L'hérédité *ab intestat* est celle que le législateur protége de préférence ; les mêmes raisons ne militent donc plus pour le maintien de cette règle.

Enfin une innovation inconcevable fut faite par le droit intermédiaire, et cette innovation reçut même de l'extension de la part des rédacteurs du Code. Les conditions physiquement ou moralement impossibles furent réputées non écrites dans les donations entre-vifs. La raison et la justice s'opposent à cette règle, et les motifs exclusivement politiques qui la firent admettre par l'Assemblée Constituante n'existent même plus aujourd'hui ; rien ne s'opposerait donc à ce que cette tache disparût de notre législation.

17. — Quoi qu'il en soit, la loi a prononcé, et s'il est permis dans un examen théorique de ne pas approuver complétement l'œuvre du législateur, il faut dans la pratique sé soumettre d'une façon absolue aux prescriptions qui semblent s'éloigner le plus de la saine raison.

Cependant, il ne faudrait pas tomber dans un excès qui serait déplorable et appliquer aveuglément les dispositions législatives. Toutes les fois qu'une interprétation vraisemblable permet de re venir aux vrais principes, il est juste de l'adopter.

Ainsi, dans notre sujet, on reconnaît généralement que la loi est défectueuse dans l'art. 900, qui maintient la donation faite sous une condition impossible ou immorale. Il faut cependant que le tribunal, chargé de prononcer sur une semblable question, répute non écrite la condition toutes les fois qu'il reconnaît qu'elle est bien réellement insérée dans une donation entre-vifs. Mais si nous supposons une condition immorale, qui soit la seule cause du contrat auquel elle est jointe, encore bien que ce contrat soit appelé donation par les parties, qu'il soit revêtu des formes exigées pour la donation entre-vifs, nous devrons reconnaitre un contrat ordinaire ayant une cause illicite, et nul d'après l'art. 1131 : l'art. 900 ne sera plus applicable.

La nature d'un acte est en général déterminée par sa forme, qui le plus ordinairement indique ses véritables caractères. Cependant, lorsqu'on peut clairement distinguer la volonté des auteurs de l'acte, et que cette volonté, manifestée sinon d'une façon expresse, au moins d'une façon évidente, implique contradiction à la forme adoptée dans l'acte, il faut négliger les indications de la forme pour s'en tenir à celles de la volonté clairement exprimée.

Si deux personnes s'entendent pour commettre une mauvaise action et contractent dans ce seul but, quoiqu'elles qualifient l'acte du nom de donation entre vifs et qu'elles donnent à la cause illicite la forme d'une condition, l'acte n'en sera pas moins un contrat à titre onéreux ayant une cause illicite, et comme tel devant être annulé. Le législateur, qui, sur cette matière, a obéi souvent à de malheureuses inspirations, ne peut cependant avoir voulu réputer non écrites que les conditions immorales insérées dans une donation, dans un acte ayant pour cause l'exercice d'une libéralité. Il n'a pas entendu valider un acte à titre onéreux, ayant pour cause un fait immoral, et il ne peut par conséquent dépendre d'un individu d'éluder l'art. 1131, parce qu'au lieu de dire : Je promets à un tel 10,000 fr. pour qu'il assassine son voisin, il aura dit : Je donne 10,000 fr. à un tel, à condition qu'il assassine son voisin, quand bien même il aurait revêtu la disposition des formes de la donation entre-vifs.

Dans le cas de cette distinction, il est vrai très-délicate, l'appréciation des magistrats doit être souveraine; ce n'est, en effet, qu'une question de fait. Il s'agit de savoir si la condition apparente d'un acte de libéralité cache une cause véritable d'un contrat à titre onéreux. Les liens de parenté, les motifs de reconnaissance qui pourraient exister entre les parties contractantes, doivent être pris en sérieuse considération. Nous avouons même que, s'il existait le plus léger doute, la forme de l'acte devrait établir une présomption favorable au maintien de la disposition. Mais quand il est évident qu'un individu, tout à fait étranger à un autre, a promis à celui-ci une somme afin de lui faire commettre une action coupable, bien que cette promesse soit appelée donation entre-vifs, que les formes exigées aient été observées, les juges devront reconnaître que c'est un véritable acte à titre onéreux, et devront l'annuler comme ayant une cause illicite.

CHAPITRE III.

DES DIFFÉRENTES IMPOSSIBILITÉS.

18. Division du chapitre.

18. — Chaque homme peut subordonner ses actes à telle ou telle condition, chacun a donc le droit, dans une disposition quelconque, d'insérer toutes les conditions qui peuvent lui convenir. La seule limite apportée à cette liberté de l'homme consiste dans les différentes impossibilités soit physiques, soit morales, qui détruisent toute condition les renfermant. Nous nous sommes d'abord occupé de la bizarre différence qui existe entre les effets de ces conditions annulées, suivant qu'elles accompagnent un testament, une donation, ou qu'elles sont insérées dans un contrat autre que la donation entre-vifs. Nous avons maintenant à montrer ce qu'on entend par impossibilité physique et par impossibilité morale, à donner les signes distinctifs qui permettent de ne pas confondre ces deux genres d'impossibilités, à étudier les caractères de chacune de ces impossibilités, et enfin à traiter certaines questions importantes soulevées par l'examen des impossibilités morales.

SECTION PREMIÈRE.

De l'impossibilité physique.

—

19. Définition. — 20. Si les deux éléments essentiels de la condition proprement dite se retrouvent dans la condition physiquement impossible ? — 21. De l'impossibilité absolue et de l'impossibilité de fait. — 22. De l'impossibilité relative. — 23. Si la difficulté de la condition peut être assimilée à l'impossibilité ? — 24. Si la condition possible d'abord, qui plus tard ne peut recevoir d'exécution, doit être considérée comme impossible ? — 25. Si la condition impossible d'abord, qui peut ensuite être exécutée, doit être considérée comme possible ?

———

19. — L'impossibilité physique est celle qui tient aux lois de la nature, aux lois que le Créateur a rendues inviolables en les plaçant au-dessus de la faiblesse humaine. On appelle donc condition physiquement impossible celle qui consiste dans un fait dont l'exécution est matériellement impossible.

La condition physiquement impossible est conçue d'une façon positive lorsque le fait de la condition doit être exécuté ; elle est, au contraire, conçue d'une façon négative lorsque le fait de la condition ne doit pas être accompli. Comme exemple de la condition physiquement impossible, positive, nous pouvons prendre cette condition : si vous allez dans la lune, et comme exemple de la condition physiquement impossible négative, celle-ci : si vous n'arrêtez pas le mouvement de la terre. Cette distinction est fort importante, et nous verrons plus tard qu'il est nécessaire de savoir si la condition physiquement impossible est conçue d'une façon positive ou d'une façon négative pour déterminer ses effets sur les actes qu'elle accompagne.

20. — La condition physiquement impossible est privée d'un des éléments essentiels de la condition : l'incertitude de l'événement ; en effet, il est tout d'abord certain que le fait de la condi-

tion ne se réalisera pas. On peut donc, sous ce rapport, l'assimiler
à la condition nécessaire, dans laquelle le fait de la condition
doit nécessairement se réaliser, et reconnaître que ces deux déclarations secondaires de la volonté sont improprement appelées
conditions, puisqu'on n'y rencontre pas l'un des éléments essentiels de la condition proprement dite : l'incertitude de l'évènement. Ainsi, un contrat subordonné à ces deux genres de conditions : si le soleil se lève demain, ou si je touche le ciel du
doigt, n'est pas réellement conditionnel ; l'obligation n'est pas
suspendue. Dans le premier cas elle existera immédiatement,
puisqu'il est certain que le soleil se lèvera demain; et dans le
second elle n'aura jamais pris naissance, puisqu'il est certain
que je ne toucherai jamais le ciel du doigt.

21. — L'impossibilité physique se divise en impossibilité absolue et en impossibilité de fait. On dit qu'une condition est d'une
impossibilité absolue lorsque le fait qui la constitue, étant absolument incompatible avec les lois de la nature, ne peut en aucun
cas être exécuté. Telles seraient les conditions que nous avons
citées au paragraphe précédent. On dit que la condition est d'une
impossibilité de fait, lorsque le fait qui la constitue, quoique
conciliable avec les lois naturelles, ne peut cependant recevoir
d'exécution à cause de certaines circonstances particulières. Ainsi,
le legs, fait sous'la condition que le légataire acquittera une dette
du testateur, demeurera valide, encore bien que la dette ne soit
pas acquittée, si cette dette n'existait pas. Il est certes très-permis
d'obliger un légataire à acquitter une dette; mais le fait, que cette
dette n'existe pas, rend la condition impossible et la fait, comme
telle, réputer non écrite.

22. — La condition peut aussi renfermer une impossibilité relative. L'impossibilité relative résulte de ce que le fait de la condition ne peut être exécuté dans la circonstance présente et pourrait l'être dans une autre, ou de ce que la personne à qui est imposée la condition ne saurait l'accomplir, quoique telle autre personne le pût parfaitement.

Dans le cas d'une impossibilité relative, les règles qui régissent
les conditions renfermant une impossibilité absolue ou une impossibilité de fait ne sont plus applicables.

La condition qui ne peut être accomplie par telle personne et qui peut l'être par telle autre n'était pas considérée comme impossible à Rome, et nous devons admettre le même principe en droit français. La raison exige, en effet, le maintien de semblables conditions, car l'auteur de l'acte, dans lequel se trouve insérée la condition renfermant une impossibilité relative, a pu compter sur l'accomplissement de la condition par un autre que par celui à qui il l'a imposée. Si un legs, par exemple, est fait sous la condition que le légataire paiera telle somme et que la pauvreté de ce légataire l'empêche d'exécuter la condition, il pourra peut-être trouver un ami qui paiera pour lui. Dans tous les cas, le legs ne sera dû qu'autant que la condition aura reçu son accomplissement.

Bien plus, cette condition renfermant une impossibilité relative devrait encore être maintenue, lors même que la personne à qui elle serait imposée dût l'accomplir personnellement. Si, par exemple, dans un contrat, une personne promet une certaine somme à une autre, sous la condition que cette dernière peindra un tableau ou sculptera une statue, la condition sera maintenue, encore bien que la personne qui doit recevoir la somme ne sache ni peindre, ni sculpter. Cette personne, en effet, peut acquérir ces deux talents et se mettre à même de remplir la condition, qui n'a peut-être été insérée dans le contrat que pour l'engager à étudier la peinture ou la sculpture.

23. — La difficulté de la condition, qui quelquefois était assimilée en droit romain à l'impossibilité, ne peut jamais l'être en droit français. La condition sera plus ou moins gênante, mais elle n'en sera pas moins maintenue. Ainsi, la condition de construire en trois jours un monument, réputée impossible en droit romain, ne le serait pas certainement sous l'empire de notre législation. Bien plus, s'il y avait complète impossibilité résultant de la brièveté du temps accordé pour exécuter la condition, celle-ci devrait encore être maintenue. L'esprit d'équité qu'on doit apporter lorsque l'on juge la nature des conditions devrait faire accorder au légataire ou donataire un délai suffisant pour accomplir la condition, qui ne serait pas réputée non écrite.

24. — Nous devons observer que l'impossibilité doit aussi être

permanente de sa nature. Un changement de temps ou de circonstances ne peut imprimer à une condition possible, au moment où elle a été insérée dans un acte, le caractère de l'impossibilité.

Il est vrai que l'équité a fait assimiler à la condition impossible la condition possible naturellement, qui, insérée dans un testament, ne peut plus recevoir d'exécution au moment de la mort du testateur par suite d'un fait ignoré de ce testateur. Mais ce n'est qu'une assimilation ; nous devons même décider qu'elle ne doit pas toujours avoir lieu et qu'il faut, pour déterminer l'effet d'une semblable condition, tenir compte de sa forme et surtout de l'intention de celui qui l'a imposée.

Quant aux contrats, cette distinction offre peu d'importance, car nous verrons que du moment que la condition est conçue d'une façon positive, elle doit avoir le même effet sur les contrats, soit qu'on la considère comme impossible, soit qu'elle ne puisse recevoir d'exécution. Dans les deux cas le contrat sera annulé.

25. — Si la condition ne pouvait être exécutée lorsqu'elle a été insérée dans un acte, mais que plus tard elle fût susceptible d'être accomplie, il ne faudrait pas encore la considérer comme impossible. Le testateur ou les parties contractantes peuvent très-bien avoir eu en vue ce changement dans la nature de la condition, et dans ce cas leur volonté doit scrupuleusement être observée. Si cette condition est insérée dans un contrat, l'observation présente n'aura pas plus d'importance que celle que nous avons faite au sujet de la condition possible dès le principe, qui plus tard ne peut être exécutée, puisque dans les deux cas tout contrat autre que la donation sera annulé, soit qu'on déclare la condition impossible, soit que, déclarée possible, la condition ne reçoive pas d'exécution. Mais si la condition dont nous nous occupons est insérée dans un acte de libéralité, elle ne sera pas réputée non écrite comme impossible, et l'acte ne sera valable qu'autant que la condition sera accomplie.

Un oncle, par exemple, poussé par l'affection qu'il porte à un neveu aveugle, fait une donation en faveur de celui-ci; et insère dans sa donation cette condition : si mon neveu peut voir tel objet. Il est évident que la condition ne peut être exécutée, puisque le donataire est aveugle. Mais si l'opération de la cataracte peut être faite, et si c'est dans ce but que le donateur a inséré la condition, cette condition ne doit pas être réputée non écrite : la donation doit être subordonnée à l'exécution de la volonté du testateur.

SECTION II.

De l'impossibilité morale.

26. Définition. — 27. Si l'élément de la condition proprement dite qui manque à la condition physiquement impossible se rencontre dans la condition moralement impossible ? — 28. Si la condition moralement impossible doit renfermer une impossibilité permanente ? — 29. Des conditions contraires aux lois. — 30. Des conditions contraires aux bonnes mœurs. — 31. Examen des principaux cas dans lesquels se rencontre l'impossibilité morale. — 32. De la condition qui interdit le mariage. — 33. Si la condition d'épouser une personne déterminée est toujours licite ? — 34. Si la condition de ne pas épouser une personne déterminée est toujours licite ? — 35. Si la condition d'épouser une personne avec laquelle le mariage est prohibé est toujours illicite ? — 36. Si la condition d'épouser une personne impubère est toujours illicite ? — 37. De la condition d'épouser une personne que doit désigner un tiers. — 38. De la condition de ne pas se remarier au point de vue du droit romain, de l'ancienne législation française et de la législation intermédiaire. — 39. Distinction à faire sous l'empire du Code. — 40. Du legs d'usufruit jusqu'à l'époque d'un second mariage. — 41. Si le legs à titre de peine est défendu par la loi française ? — 42. Si la condition du serment est défendue par la loi française ? — 43. Des conditions destructives de la liberté. — 44. De la condition d'embrasser une profession. — 45. Des conditions qui gênent la liberté religieuse. — 46. Si la condition de se faire prêtre est illicite ? — 47. Si la condition de ne pas se faire prêtre est illicite ? — 48. De la condition de renoncer à un droit d'ordre public. — 49. De la condition de renoncer à une succession non encore ouverte. — 50. De la condition de donner à un incapable. — 51. Des conditions ineptes ou dérisoires.

26. — L'impossibilité morale est celle qui tient à l'observation des lois et au maintien des bonnes mœurs; celle qui résulte de

la fiction qui déclare impossible pour l'homme de bien tout fait tendant à violer les prescriptions du législateur ou à outrager la conscience publique. On appelle donc condition moralement impossible, celle qui consiste dans un fait dont l'accomplissement naturellement possible est censé ne pas l'être par suite de la fiction éminemment morale que nous venons de citer.

Toutefois, nous verrons, en examinant les effets de ce sconditions sur les actes qu'elles régissent, que la fiction ne doit pas toujours être admise, que l'intérêt de la morale exige quelquefois que la condition, renfermant un fait contraire aux lois ou aux bonnes mœurs, ne soit pas toujours assimilée à la condition physiquement impossible.

Ce que nous avons dit sur la forme, soit positive, soit négative, que peut présenter la condition physiquement impossible, s'applique à la condition moralement impossible. Toutefois, la distinction n'a pas la même importance quant aux effets produits sur les actes dans lesquels est insérée la condition ; en effet, la condition moralement impossible négative peut quelquefois annuler un acte, tandis que la condition physiquement impossible négative le laisse toujours subsister.

27. — Quoique les effets des conditions contraires aux lois ou aux bonnes mœurs, insérées dans un testament, dans une donation ou dans un contrat, soient le plus souvent identiques à ceux des conditions impossibles, nous devons reconnaître que ces deux sortes de conditions diffèrent en un point essentiel qui amène quelquefois, comme nous le verrons plus tard, certaines différences quant à leurs effets. L'incertitude de l'évènement, dont nous avons observé l'absence dans la condition physiquement impossible, se retrouve dans la condition dont nous nous occupons. Ainsi, la condition qui engage au vol est contraire aux lois et aux bonnes mœurs ; mais quoique la fiction fasse considérer le vol comme impossible pour l'homme de bien, nous devons reconnaître que le vol peut être commis, et qu'en fait l'incertitude de l'évènement existe dans une semblable condition.

28. — Ce que nous avons dit sur la permanence nécessaire de l'impossibilité physique doit s'appliquer à l'impossibilité morale. Une condition licite, insérée dans un testament, ne peut être ré-

putée non écrite, parce qu'elle devient illicite après la mort du testateur, après que le légataire a eu la possibilité de l'accomplir et est en faute de ne l'avoir pas fait. De même, une condition illicite, au moment où elle est insérée dans un acte, ne doit pas être considérée comme moralement impossible si elle est susceptible de devenir licite plus tard, et si l'auteur de la condition a eu en vue ce changement de la condition. Ainsi, la condition du mariage insérée dans une donation faite à un jeune homme de seize ans ne devra pas être réputée non écrite, quoiqu'il y ait impossibilité présente, puisque l'âge requis pour contracter mariage est fixé à dix-huit ans. On présume, en effet, que le donateur a prévu le moment où la condition pourra être accomplie, où le jeune homme aura acquis la capacité de contracter mariage.

Néanmoins, nous croyons, avec le droit romain, que la condition doit être déclarée impossible lorsque le fait de la prévision est blâmable. Si un donateur, par exemple, faisait une donation sous la condition que le donataire ne sera plus admis à la jouissance des droits civils, il y a impossibilité présente, car on ne peut empêcher le donataire de jouir des droits civils; mais il n'y a pas permanence dans l'impossibilité, car le fait de la condition peut se réaliser par suite d'une condamnation emportant mort civile. Toutefois, comme la prévision est odieuse, elle ne doit pas être prise en considération, et la condition doit être réputée non écrite, comme moralement impossible.

29. — Les conditions contraires aux lois sont celles qui tendent à faire commettre un acte puni par les lois criminelles ou par les lois de police, ou même un acte que la loi repousse ou défend, sans attacher une peine, comme sanction, à sa réprobation ou à sa prohibition. Ces conditions sont considérées comme moralement impossibles, lors même qu'elles ne seraient contraires qu'aux lois régissant les intérêts privés et non les intérêts publics. Ainsi, on ne pourrait dans une condition insérer la défense de plaider ou de faire un testament.

30. — Les conditions contraires aux bonnes mœurs, qui sont considérées comme moralement impossibles, ne peuvent être définies d'une façon exacte. Les habitudes changeantes d'un peuple, les innovations qui chaque jour surgissent dans ses mœurs doivent

nécessairement apporter de grandes modifications dans la manière d'apprécier la moralité d'une condition. Il est donc impossible de déterminer à l'avance des règles précises, qui permettent de reconnaitre infailliblement si une condition est contraire aux bonnes mœurs.

La loi de 1791, celles des 5 brumaire et 17 nivôse an II ont essayé de poser certaines règles sur cette matière, en élargissant tellement le cercle des conditions immorales qu'il suffisait que la liberté d'un légataire ou d'un donataire fût gênée pour que la condition fût annulée. Ces lois, privées de leur autorité législative par la loi du 30 ventôse an XII, ne doivent plus nous servir que comme guides, et dans les cas seulement où leurs décisions seraient conformes à l'état actuel de nos mœurs et de nos institutions.

31. — Le Code, sur cette matière, s'est abstenu de toute définition. Après avoir déclaré que les conditions contraires aux lois ou aux bonnes mœurs seraient réputées non écrites dans les testaments et les donations et annuleraient les contrats, il n'a pas essayé de définir les conditions contraires aux bonnes mœurs. Nous devons donc, sous l'empire de cette législation, pour reconnaitre une condition contraire aux bonnes mœurs, nous livrer à un examen spécial de chaque condition. Nous devons examiner, si cette condition blesse l'honnêteté des personnes, si elle gêne d'une manière grave la liberté de leurs actions, si elle tend à leur faire méconnaitre les préceptes de la morale universelle, à leur faire manquer aux devoirs de charité qui leur sont imposés vis-à-vis de leurs semblables, ou enfin à leur faire commettre quelque acte contraire à leurs opinions religieuses.

Ces questions de pure appréciation présentent de grandes difficultés et offrent un intérêt pratique fort important, puisqu'elles doivent naitre fréquemment à l'occasion des conditions insérées dans les différents actes. Sans prétendre prévoir tous les cas dans lesquels une condition doit être annulée comme contraire aux bonnes mœurs, nous devons seulement étudier les plus importants, ceux qui ont attiré l'attention de la plupart des jurisconsultes, et nous efforcer de donner des solutions en rapport avec l'état de nos mœurs et l'esprit de nos institutions.

32. — Le mariage, source de la famille, a dû dans tous les temps mériter la faveur du législateur. A Rome, il fut considéré comme une institution nécessaire à la prospérité de l'Etat, et entouré comme tel de toute la sollicitude des lois. Sous la législation française, le mariage doit-être considéré comme la base fondamentale de la société. Toute condition qui placerait un individu entre un intérêt pécuniaire et le désir louable que chacun doit avoir de contracter mariage, doit donc être considérée comme contraire aux bonnes mœurs, et comme telle doit être annulée.

La condition qui engage au mariage est au contraire conforme à l'esprit de nos institutions, à l'intérêt de la société ; elle doit, par conséquent, être considérée comme valide et recevoir son exécution.

33. — La condition d'épouser une personne déterminée n'est pas destructive de la liberté du mariage. Cette condition excite celui à qui elle est imposée au mariage, elle est par conséquent conforme à l'intérêt de la société. Si le choix est limité, on ne doit pas pour cela annuler la condition, car il semble juste qu'un donataire, par exemple, qui reçoit un bienfait, ait quelque déférence pour le choix de son bienfaiteur. Celui-ci d'ailleurs n'a peut-être gratifié le donataire que dans le but de faire profiter de son bienfait la personne qui, d'après la condition, doit être épousée par ce donataire.

Toutefois, les lois romaines admettaient que la condition n'était pas valable lorsque la personne désignée était indigne, par exemple, lorsqu'elle était notée d'infamie comme ayant une mauvaise vie. Il faudrait de nos jours décider de même. Nous pensons qu'il ne peut être conforme à l'état actuel de nos mœurs qu'un jeune homme soit contraint, pour jouir d'une libéralité, d'épouser une prostituée, ou qu'une jeune fille doive épouser un ancien forçat !

34. — On peut aussi dans une condition insérer la défense d'épouser telle ou telle personne désignée. Celui à qui la condition est imposée trouvera facilement une autre personne qu'il pourra épouser. La liberté du mariage n'est donc pas détruite par une semblable condition.

Nous croyons cependant que si la condition avait pour but

d'empêcher l'accomplissement d'un mariage que réclament impérieusement les lois de la morale, on devrait la considérer comme contraire aux bonnes mœurs. Si, par exemple, la conscience imposait à un jeune homme le devoir d'épouser une jeune fille qu'il a séduite, on ne devrait pas permettre qu'une condition mît obstacle à ce mariage. De même, quoiqu'il soit ordinairement permis dans une condition d'interdire le mariage avec tout individu habitant une certaine ville, un certain pays, puisqu'en général un autre mariage pourra facilement être contracté dans un autre lieu, on devrait cependant considérer une pareille condition comme illicite, si des circonstances particulières mettaient obstacle à un mariage contracté dans une autre ville, dans un autre pays, et imposaient ainsi le célibat d'une façon indirecte.

35. — Nous avons vu que l'impossibilité morale devait être permanente, qu'un fait illicite, inséré dans une condition, qui pouvait plus tard devenir licite, ne devait pas faire considérer la condition comme moralement impossible, lorsque la prévision du changement de nature de ce fait n'était pas blâmable. Nous trouvons une application de cette règle dans la condition de contracter un mariage défendu par la loi, lorsque la prohibition peut être levée au moyen de dispenses. La loi ne s'oppose pas d'une manière absolue à l'accomplissement de ce mariage; elle y met une entrave, mais non un obstacle invincible. Or, la difficulté qu'on rencontre dans une condition ne peut la faire considérer comme impossible. Nous ne pouvons pas non plus la déclarer contraire aux bonnes mœurs, puisque la loi prévoit le cas où son exécution est licite. Lors donc qu'une pareille condition sera insérée, par exemple dans une donation, celui qui doit l'accomplir, pour profiter de la libéralité, devra prendre des mesures pour obtenir des dispenses; et s'il ne réussit pas, la condition sera réputée accomplie.

36. — La condition d'épouser une personne impubère, conçue d'une façon générale, serait évidemment nulle comme contraire à la loi et aux bonnes mœurs. Mais si la personne impubère était désignée nominativement, on devrait supposer qu'il y a un terme sous entendu dans la condition, et que l'auteur de la condition a entendu engager à épouser la personne désignée lorsqu'elle sera

devenue pubère. Cette condition sera donc parfaitement valable.

37. — La condition d'épouser une personne qui plus tard doit être désignée par un tiers est évidemment contraire aux bonnes mœurs, comme pouvant entraîner le célibat pour la personne à qui elle est imposée. Rien ne force, en effet, la personne qui doit choisir à faire son choix.

Nous devons remarquer toutefois que la condition qui subordonnerait une disposition quelconque au mariage d'un tiers serait parfaitement valable, car elle ne pourrait avoir aucune influence fâcheuse sur la réalisation de ce mariage. Si, par exemple, une donation était faite à Pierre sous la condition que Paul ne se mariera pas, la condition serait parfaitement valable, car elle a pour but seulement de subordonner la libéralité faite à Pierre au mariage de Paul, et non d'imposer le célibat à celui-ci.

38. — Il nous reste, en ce qui touche les conditions relatives au mariage, à traiter une question fort importante, qui a reçu suivant les époques des solutions très-différentes. C'est la condition de ne pas se remarier.

L'ancien droit romain, favorable à l'accroissement de la population, considérait comme illicite toute condition tendant à empêcher un second mariage, aussi bien que celle qui interdisait un premier. Toutefois, quelques décisions contradictoires que nous trouvons au Digeste nous prouvent que dans certains cas, lorsque le motif de la condition était digne d'intérêt, on avait décidé que cette condition devait être accomplie, et que le legs fait sous condition de garder viduité ne devait être acquitté qu'autant qu'on donnât caution de ne pas se remarier (Dig., liv. 35, tit. I, loi 62). Plus tard, la loi Papia, dont le but principal était de multiplier les mariages, établit d'une manière générale que la condition de garder viduité serait réputée non écrite, pourvu toutefois que celui à qui cette condition serait imposée se remariât dans l'année de son veuvage, et déclarât par serment que les raisons qui le faisaient contracter un nouveau mariage étaient surtout fondées sur le désir d'avoir des enfants. Si une année s'écoulait, depuis la dissolution du premier mariage, avant qu'un second n'eût été contracté, le légataire ou le donataire ne pouvait plus recueillir le legs ou la donation qu'en donnant caution de ne pas se remarier.

Sous Justinien, cette jurisprudence changea deux fois. Dans une première novelle, cet empereur déclara nulle toute condition tendant à empêcher les secondes noces, et décida que le legs fait sous une pareille condition serait considéré comme pur et simple, encore bien que les secondes noces ne fussent pas célébrées un an après la dissolution des premières. Dans une seconde novelle, Justinien, sous l'influence d'idées entièrement opposées, déclara que toute condition interdisant les seconds mariages serait valable.

Sous l'ancienne législation française, la seconde décision de Justinien fut en général admise. On considéra comme licite la condition interdisant les seconds mariages, qui étaient vus d'un œil assez défavorable par la plupart des jurisconsultes. Le droit intermédiaire, composé des lois rendues pendant la révolution, annulait toute condition pouvant gêner la liberté des personnes. La condition de ne pas se remarier fut donc déclarée illicite par les lois de l'an II.

39. — Sous l'empire du Code, cette question doit, selon nous, recevoir deux solutions, suivant les circonstances qui accompagnent la condition de ne pas se remarier.

Lorsque dans une disposition quelconque on insère une condition qui oblige celui qui veut profiter de la disposition à ne pas contracter un second mariage, on agit évidemment contre l'intérêt général, qui exige que dans un but d'utilité pour la société on cherche à multiplier autant que possible les mariages. Mais, d'un autre côté, les secondes noces ne sont point aussi favorables que les premières, et des motifs puissants peuvent faire désirer au législateur que les seconds mariages n'aient pas lieu. C'est, en effet, ce que nous voyons dans les art. 380 et 395 du Code. Ces articles, qui frappent de certaines déchéances les femmes qui se remarient, prouvent que le législateur voit dans certaines circonstances d'un œil défavorable les seconds mariages. Les motifs qui dictent alors les décisions de la loi viennent de ce que le législateur cherche autant que possible à protéger les enfants nés d'une première union, dont les intérêts pourraient être compromis par une seconde. On comprend aussi que l'époux, qui en mourant fait une libéralité à son conjoint survivant, ait le désir légitime et respectable que ce conjoint ne profite pas de sa générosité lorsqu'il ne sera plus fidèle à sa mémoire; on comprend surtout qu'il ne veuille pas que l'étranger, qui est venu effacer son souvenir du cœur de celui qu'il avait gratifié, partage la jouissance des biens qu'il a donnés.

Il nous semble donc que, dans l'état actuel de nos mœurs et de notre législation, on ne peut déclarer illicite la condition de ne pas contracter un second mariage lorsque cette condition repose sur les motifs graves dont nous venons de parler. Si, par exemple, un époux meurt laissant des enfants en bas âge, la libéralité faite par cet époux ou par un membre de sa famille à l'époux survivant peut parfaitement être subordonnée à la condition de ne pas se remarier. N'est-il pas juste, en effet, d'imposer au conjoint survivant la condition de ne pas introduire dans la famille un étranger qui sacrifiera peut-être les intérêts des enfants du premier lit pour porter toute son affection sur les enfants nés de la seconde union! Nous admettons même que la condition est licite quand il n'y a pas d'enfant du premier lit; mais dans ce cas il faut que la condition soit imposée par le conjoint qui meurt, pour que les raisons que nous avons données plus haut soient valables.

Si la condition est imposée par un étranger, dans un but frivole, par suite d'une volonté bizarre, nous donnerons une décision contraire. L'intérêt de la société qui veut qu'on favorise les mariages reprend dans ce cas toute son autorité; la condition doit être déclarée illicite.

40. — Nous devons traiter ici une question, se rapportant à la condition de ne pas se remarier, qui présente un grand intérêt pratique. Il est souvent arrivé, surtout sous l'empire des lois intermédiaires qui proscrivaient complétement la condition dont nous nous occupons, que pour éluder les dispositions de la loi, un legs d'usufruit à temps remplaçât le legs de la propriété, sous condition de garder viduité. Un testateur voulant empêcher un époux de se remarier, lui léguait un usufruit devant cesser en même temps que le veuvage. Ce moyen a souvent réussi, car on n'a vu souvent dans une semblable disposition qu'un legs d'usufruit à terme incertain, et il est très-permis de léguer un

usufruit pour qu'il ne dure qu'un temps certain ou incertain.

Selon nous, ce genre de disposition a le tort de permettre de faire indirectement ce que la loi défend de faire directement. Il est évident que le testateur a eu pour but d'empêcher l'époux survivant de s'engager dans de nouveaux liens. Il n'a pas, il est vrai, inséré une défense formelle dans sa disposition; mais, en joignant un terme incertain à son legs d'usufruit, il a réellement apposé une condition résolutoire qui, d'après la législation intermédiaire, devrait toujours être considérée comme illicite. En appliquant cette opinion aux principes que nous avons émis sur la validité de la condition de ne pas se remarier sous l'empire de la législation actuelle, nous devons décider que le legs d'usufruit, fait sous un terme incertain, par un testateur qui, dans un but frivole, sans intérêt sérieux, veut s'opposer à un second mariage, sera considéré comme pur et simple, et que la clause qui soumet sa durée à un terme incertain sera réputée non écrite. Mais si le legs est fait par l'époux prémourant ou par un parent, dans le cas où il y a des enfants nés du mariage qui vient d'être dissous, nous déciderons que le terme incertain devra être maintenu comme le serait la condition résolutoire, et que l'usufruit cessera au jour du second mariage.

41. — L'ancien droit romain défendait le legs à titre de peine, c'est-à-dire le legs qu'un testateur imposait à son héritier, dans le cas où il ferait ou ne ferait pas tel acte déterminé. Justinien leva cette prohibition; et nous croyons que dans l'état actuel de notre législation ce legs doit aussi être considéré comme licite. Rien ne s'oppose, en effet, à ce qu'un testateur ordonne à son héritier d'accomplir tel ou tel acte et lui impose un legs dans le cas où il n'exécuterait pas sa volonté. Toutefois, si la chose ordonnée à l'héritier était impossible ou immorale, il faudrait décider qu'elle n'est point obligatoire, qu'elle doit être réputée non écrite. Mais à la différence de ce qui arrive dans les dispositions testamentaires soumises à une condition impossible ou immorale, l'annulation de la condition entraînera celle du legs, car il sera sans cause. En effet, on ne peut punir l'héritier de n'avoir pas accompli un acte impossible ou immoral.

42. — La condition de prêter serment imposée par un testateur

à un héritier ou à un légataire était réprouvée par le droit romain. On pensait à Rome que cette condition était doublement dangereuse ; en effet, certaines consciences timorées, poussant leurs scrupules jusqu'à la superstition, pouvaient être tellement effrayées par l'idée de prêter un serment, qu'elles préféraient perdre une libéralité que de se résoudre à faire un acte si imposant dans un intérêt pécuniaire. D'un autre côté, certains légataires, sans respect pour la sainteté du serment, pouvaient accomplir la condition sans avoir l'intention d'être fidèles à leur promesse solennelle. Ce double danger n'existant pas dans le contrat, puisque chaque partie est censée connaître le degré de moralité de l'autre, et que toutes les deux sont d'accord sur la nécessité de prêter le serment, la condition dont nous parlons était valablement insérée dans les contrats.

Sous l'empire du Code, nous ne pouvons admettre les motifs donnés pour faire annuler la condition du serment dans les testaments. Le serment est un acte dont nos lois font un fréquent usage, qui est admis au nombre des preuves des obligations, et jusqu'à ce que le contraire soit prouvé, on doit supposer que le serment prêté sera religieusement accompli. Nous pensons donc que cette condition du serment peut aussi bien être insérée dans un testament que dans un contrat. Si le serment consacrait la promesse d'exécuter un acte contraire aux lois ou aux bonnes mœurs, non-seulement l'acte illicite ou immoral ne serait pas obligatoire, mais le serment lui-même ne devrait pas être prêté. La condition d'un semblable serment serait réputée non écrite dans un testament ou une donation et annulerait le contrat autre que la donation.

43. — Sous la législation actuelle, nous savons qu'il ne suffit plus, comme sous l'empire du droit intermédiaire, que la liberté soit seulement gênée par une condition, pour que cette condition soit déclarée illicite. Il faut, pour que la condition soit annulée, qu'en comparant cette condition avec l'état des mœurs ou des lois qui existaient au moment où l'obligation est née, si la condition est insérée dans un contrat, ou qui existaient au jour du décès du testateur, si elle est insérée dans un testament, on reconnaisse que le fait de la condition est contraire à ces lois ou à ces mœurs. En par-

tant de ce principe, nous avons tâché de reconnaître les conditions illicites relatives au mariage, et nous nous servirons des mêmes règles pour étudier les conditions qui pourraient porter atteinte à la liberté des personnes.

Nous déciderons tout d'abord que toute condition détruisant la liberté est illicite ; et que, par conséquent, la condition qui imposerait à un individu l'obligation de demeurer dans tel lieu, de ne pas en sortir, devrait être annulée comme contraire à nos lois et à nos mœurs, qui veulent que la liberté des particuliers soit respectée. Toutefois, si cette condition reposait sur des motifs graves, sur l'intérêt même de celui à qui elle est imposée, nous pensons qu'on pourrait la reconnaître comme valable. Ainsi, la condition de résider dans telle ville pour y exercer une profession avantageuse devrait, selon nous, être maintenue. Si la condition interdisait seulement la résidence dans une ville, dans un pays, elle ne serait plus destructive de la liberté, puisque la personne à qui elle serait imposée pourrait fixer à son choix sa résidence dans toute autre ville, dans tout autre pays. Cette condition serait donc valable.

44. — La condition d'embrasser tel état ou telle profession blesse la liberté d'action de celui qui, pour profiter d'un legs ou d'une donation, est obligé de l'accomplir. Les lois intermédiaires eussent certainement annulé une semblable condition. Mais depuis l'abrogation de ces lois, nous devons reconnaître que, si la carrière désignée par l'auteur de la condition n'a rien d'incompatible avec la position sociale du légataire ou du donataire, la condition est licite. Il faudrait décider de même, si la condition avait pour but de détourner celui à qui elle est imposée d'une profession dont l'exercice s'accorderait mal avec ses vrais intérêts, avec sa position dans le monde. Nous déciderions, au contraire, que la condition défendant l'exercice de tout état, de toute profession, est illicite comme contraire à l'intérêt général de la société.

45. — La liberté religieuse est un des grands principes reconnus par nos institutions. Toute condition relative à cette matière délicate doit donc être sévèrement examinée et annulée si elle peut influer sur la pratique d'une religion à l'exclusion d'une

autre. La conscience de chaque homme doit lui servir de guide dans le choix d'une religion ou dans la conservation de celle qu'il tient de ses pères. Tout intérêt pécuniaire déterminant des sentiments religieux est au plus haut degré immoral.

46. — La condition de se faire prêtre a, selon les temps, divisé les meilleurs esprits. Les motifs donnés pour ou contre la validité de cette condition ont presque toujours eu pour base l'opinion religieuse et politique de ceux qui traitaient cette question. Nous allons tâcher de donner une solution s'appuyant exclusivement sur l'intérêt de la morale. Suivant nous, cette condition, encore bien que le fait qu'elle prescrit soit non-seulement licite, mais même méritoire, doit être annulée. Nous avons reconnu qu'on pouvait insérer dans une condition l'obligation d'embrasser une carrière déterminée, pourvu que cette carrière soit en rapport avec les habitudes, l'état social de celui à qui elle est imposée; et nous pensons que lorsque c'est l'état ecclésiastique qui est indiqué par la condition, cette condition n'est pas valable. La différence de ces deux décisions tient à la sainteté même du caractère imprimé par le sacrement de l'Ordre. On comprend que l'espoir de profiter d'une libéralité contribue à fixer le choix d'une profession quelconque, lorsque par ailleurs cette profession n'est pas incompatible avec les habitudes, l'état social de celui qui doit profiter de la libéralité; mais il serait immoral que l'état ecclésiastique fût choisi dans un intérêt purement humain. Celui qui a réellement la vocation sacrée n'a pas besoin de voir cette vocation encouragée par l'espoir du gain; et celui qui, dans le but seulement de profiter d'une libéralité, embrasserait l'état ecclésiastique, serait indigne du sacerdoce. Il est donc plus conforme à la morale religieuse d'annuler la condition de se faire prêtre. Si celui qui recueille la libéralité embrasse l'état ecclésiastique, l'intention du testateur ou du donateur sera remplie sans qu'on ait besoin de rendre la condition efficace; si au contraire il ne l'embrasse pas, il sera heureux qu'il en soit ainsi, car l'intérêt de l'Église sera mieux sauvegardé que si l'on se fût exposé à faire entrer parmi ses ministres un indigne, dirigé par le seul mobile de la cupidité.

Toutefois, nous pensons que cette décision ne devrait pas être admise pour toutes les dispositions. Si la cupidité n'était pas éveillée, si la disposition n'était pas susceptible de fixer le choix du légataire ou du donataire, il faudrait reconnaître la validité de la condition: Ainsi, la donation d'habits sacerdotaux, faite à un jeune homme par un prêtre, pourrait certainement être subordonnée à la condition d'embrasser l'état ecclésiastique. Il est de la nature même de la donation que cette condition y soit insérée.

47. — La condition de ne point se faire prêtre doit, selon nous, au contraire, être considérée comme licite. En effet, comme tout mobile humain doit être éloigné de la vocation religieuse, celui qui sera véritablement appelé au sacerdoce ne renoncera pas à sa vocation par suite de cette condition. S'il y renonce, c'est qu'il était indigne d'être prêtre. L'auteur de la condition peut, de plus, avoir un motif juste au point de vue moral comme au point de vue politique, celui de contribuer à l'élévation d'une famille, en laissant sa fortune à celui qui doit en être le fondateur. Il doit donc être permis à un donateur d'assurer l'exécution d'un projet aussi conforme à l'intérêt de la société, en imposant une condition qui empêchera le donataire d'embrasser un état incompatible avec le titre de père de famille.

48. — La condition de renoncer à un droit d'ordre public doit nécessairement être annulée comme illicite; il n'est pas permis de mettre un obstacle à l'exercice de ces droits qui intéressent le bon ordre de la société tout entière. Ainsi la condition de renoncer au droit de la puissance paternelle serait illicite, quoiqu'il soit permis de priver un père de la jouissance de biens donnés à ses enfants. De même on ne pourrait, dans une condition, défendre de tester ou d'intenter une demande judiciaire, quoiqu'il soit permis à chacun de ne pas user de ces droits. Vous pouvez bien ne pas tester, compromettre vos intérêts en n'intentant pas d'action en justice; mais la condition qui vous placerait entre une libéralité, par exemple, et la renonciation à ces droits devrait être réputée non écrite, comme contraire à la loi.

49. — Il est permis de renoncer à un droit acquis, par exemple, à une succession ouverte. La condition qui impose cette obligation est donc licite. Il n'en serait pas de même si la succession n'était pas encore ouverte. En effet, la condition de renoncer à une succession non ouverte insérée, par exemple, dans une

donation, oblige le donataire qui accepte à renoncer dès à présent à une succession future. Or, l'article 791 défend de renoncer à une succession non ouverte, et l'article 1130 de faire aucune stipulation au sujet d'une pareille succession. Si la condition n'était pas réputée non écrite, le donataire en acceptant commettrait donc un acte illégal, en pactisant sur une succession future.

50. — Le droit romain reconnaissait comme valable la condition imposée à un légataire de donner à une personne incapable de recevoir du testateur. Le légataire ne s'occupait pas de ce que deviendrait la somme qu'il était chargé de fournir; il accomplissait la condition, et devenait ainsi légataire d'une façon irrévocable (Dig., liv. 35, tit. I, l. 55). Nous pensons que cette condition ne serait pas valable sous l'empire de notre législation. La loi qui déclare toute condition contraire aux lois annulées doit nécessairement être appliquée à ce cas. Il est évident, en effet, que cette condition a pour but de faire faire une chose défendue par la loi au moyen d'une personne interposée.

51. — Quant aux conditions ineptes ou dérisoires, les lois romaines les assimilaient aux conditions impossibles et les annulaient. Nous en trouvons un exemple dans la loi 115, § 5, *De legatis*, 1, au Digeste. Cette loi rejetait des testaments la condition par laquelle le défunt ordonnait de l'ensevelir avec ses richesses, ses ornements.

Sous l'empire du Code, ces conditions doivent d'abord donner lieu à un examen des facultés mentales du testateur. L'existence de semblables conditions dans un testament est en effet une grave présomption contre un sain état d'esprit. Si on est amené à reconnaître que le testateur n'avait pas la tête à lui lors de la confection du testament, on annulera le testament; dans le cas contraire, on réputera seulement la condition non écrite. Le contrat subordonné à une semblable condition sera annulé comme n'étant pas sérieux. Ceux, en effet, qui en contractant insèrent dans l'acte des conditions ridicules montrent qu'ils n'entendent pas agir plus sérieusement que ceux qui insèrent des conditions impossibles ou immorales.

Nous terminons ici l'examen des conditions qui peuvent renfermer une impossibilité morale. Si quelque autre condition offrait du doute quant à sa validité, il faudrait examiner, en se servant des règles générales que nous avons données précédemment, si son accomplissement peut causer un mal moral quelconque, et dans ce cas elle devrait être annulée. Il était impossible de prévoir toutes les espèces; nous ne pouvions donc que discuter les plus importantes, celles qui nous ont semblé présenter le plus grand intérêt théorique et pratique à la fois.

CHAPITRE IV.

DES CONDITIONS PHYSIQUEMENT OU MORALEMENT IMPOSSIBLES INSÉRÉES
DANS LES CONTRATS AUTRES QUE LA DONATION.

52. — Après avoir reconnu les diverses sortes d'impossibilités, après avoir discuté les questions principales soulevées surtout par l'examen des conditions contraires aux lois ou aux bonnes

mœurs, nous devons maintenant examiner les effets particuliers des conditions impossibles insérées dans les différents actes juridiques. Nous commencerons par celles qui sont insérées dans les contrats.

Nous avons séparé les conditions que l'homme peut insérer dans ses dispositions en deux grandes catégories : dans la première se trouvent les conditions que l'homme, agissant conformément à la raison, à la morale et aux lois, joint à la déclaration principale de sa volonté ; dans la seconde sont les conditions physiquement impossibles, c'est-à-dire incompatibles avec les lois de la nature, et les conditions moralement impossibles, c'est-à-dire contraires au droit positif et aux prescriptions de la morale. Lorsque les conditions de cette seconde catégorie accompagnent un acte, elles sont nulles. Les effets de ces nullités sont différents, suivant la nature de l'acte régi par la condition. Lorsque l'acte est un contrat, la nullité de la condition entraîne les effets réglés par les articles 1172 et 1173, effets que nous avons déjà indiqués, lorsque nous avons recherché les raisons qui ont pu donner naissance à l'article 900.

En examinant avec attention ces deux articles 1172 et 1173, on reconnaît que, conçus d'une façon beaucoup trop générale, ils ne sont pas complétement vrais, qu'ils présentent des inexactitudes. En effet, il n'est pas exact de dire, comme le fait l'article 1172, que toute condition physiquement impossible ou contraire aux bonnes mœurs, ou prohibée par la loi, rend nulle la convention qui en dépend, sans distinguer entre la condition suspensive et la condition résolutoire, entre la condition positive et la condition négative. De plus l'article 1173, en disant que toute condition de ne pas faire une chose impossible ne rend pas nulle l'obligation, semble décider le contraire pour la condition de ne pas faire une chose illicite ; ce qui cependant est encore faux, puisque la condition de ne pas faire une chose illicite peut quelquefois laisser subsister parfaitement un contrat.

Avant d'essayer de démontrer l'inexactitude de ces deux articles, nous devons appliquer à la condition physiquement ou moralement impossible deux divisions appartenant à la condition proprement dite. Ces divisions nous aideront puissamment à reconnaître les effets des différentes impossibilités dans les contrats.

53. — Nous avons vu au chapitre premier, en parlant de la condition en général, que cette déclaration secondaire de la volonté se divisait en condition suspensive et en condition résolutoire. La condition suspensive suspend la naissance de l'obligation jusqu'à l'arrivée d'un évènement futur et incertain, et la condition résolutoire résout l'obligation, qui a pris naissance au moment même du contrat, par la réalisation de l'évènement futur et incertain compris dans la condition. Cette division doit s'appliquer, du moins en apparence, à la condition physiquement ou moralement impossible. En effet, quoique cette condition ne puisse pas réellement suspendre l'obligation qu'elle régit, puisque en général le contrat est annulé, elle peut néanmoins être conçue sous une forme suspensive, c'est-à-dire sous une forme qui suspendrait l'obligation si la condition était valable. Le même raisonnement pourrait être fait pour la condition physiquement ou moralement impossible résolutoire.

Une autre division fort importante de la condition est celle qui sépare la condition positive de la condition négative. Cette division peut parfaitement être faite dans la condition physiquement ou moralement impossible. La condition positive sera alors celle qui consistera dans l'exécution d'un fait impossible ou illicite, et la condition négative celle qui consistera dans le non accomplissement du même fait.

Nous pouvons maintenant, en tenant compte de ces deux divisions, être à même de juger si tous les effets des conditions physiquement ou moralement impossibles sont bien indiqués par les articles 1172 et 1173.

54. — Examinons d'abord le cas où la condition physiquement impossible est suspensive et en même temps positive, et voyons quels sont les effets de cette condition insérée dans un contrat : Je vous vends ma maison, si je vais dans la lune. Dans cette espèce, l'article 1172 est rigoureusement vrai; le contrat est nul. Il est certain, en effet, puisque la vente est subordonnée à un évènement naturellement impossible, qui cependant doit se réaliser pour que la vente soit parfaite, que cette vente ne peut avoir aucune existence. Nous n'avons pu contracter sérieu-

sement ; on doit présumer que nous n'avons pas eu réellement l'intention vous d'acheter, moi de vendre.

Si nous supposons la condition physiquement impossible, suspensive et en même temps négative, la solution ne sera pas la même; l'article 1172 n'est plus applicable : Je vous vends ma maison si le soleil ne cesse pas d'éclairer la terre. Nous sommes dans le cas prévu par l'article 1173. Nous avons contracté sous la condition qu'un fait impossible n'aurait pas lieu; nous avons donc valablement contracté. La condition est inutile, et le contrat est parfait comme pur et simple.

55. — Prenons maintenant, au lieu d'une condition physiquement impossible, une condition contraire aux mœurs ou aux lois, suspensive et en même temps positive. L'article 1172 sera encore exact, au moins pour la grande généralité des cas. Nous verrons cependant un cas où une condition contraire aux mœurs ou aux lois, conçue d'une façon positive, ne devra pas annuler le contrat.

Mais si nous supposons qu'au lieu d'être positive, la condition contraire aux mœurs ou aux lois soit négative, nous devons reconnaître que les deux articles 1172 et 1173 ne peuvent être toujours appliqués, qu'ils sont inexacts comme rédigés d'une façon trop générale. En effet, l'article 1172 déclare que le contrat est annulé par toute condition impossible ou contraire aux mœurs, ou prohibée par la loi, sans distinguer si cette condition est positive ou négative. L'art. 1173 restreint l'art. 1172, en déclarant seulement que les conditions impossibles négatives n'annulent pas le contrat qu'elles régissent. Il en résulte donc que toute condition consistant dans un fait contraire aux mœurs ou aux lois, quand même elle serait conçue d'une façon négative, doit annuler le contrat. Or cela est faux, comme nous allons le démontrer en prouvant que certaines conditions illicites négatives doivent être maintenues dans l'intérêt même de la morale, et que par conséquent le contrat est parfaitement valable.

56. — Pour reconnaître les effets des conditions renfermant un fait contraire aux mœurs ou aux lois, il faut s'en tenir aux règles dictées par la raison. Toutes les fois que la condition, qu'elle soit positive ou négative, en annulant le contrat auquel

elle est jointe, portera atteinte à la morale publique, le contrat devra être maintenu ; dans le cas contraire, il devra être annulé.

Cependant, on assimile assez généralement les effets des conditions contraires aux mœurs ou aux lois, aux effets des conditions impossibles. On appelle les premières moralement impossibles, et les secondes physiquement impossibles. Cette assimilation est dangereuse et ne repose que sur une fiction. Cette fiction, qui consiste à considérer comme impossible toute condition renfermant un fait illicite, peut souvent être utile, mais elle doit cesser d'exister dès que l'intérêt de la loi et des mœurs l'exige.

Ainsi, que quelqu'un se soumette à une peine conventionnelle, dans le cas où il commettrait un acte immoral ; nous avons une convention faite sous condition immorale. Mais, comme le but de cette convention est louable, puisqu'elle tend à combattre l'immoralité, nous devrons en admettre la validité. L'intérêt de la morale nous oblige dans ce cas à ne pas admettre de similitude entre la condition immorale et la condition physiquement impossible, similitude qui, si elle existait, entraînerait la nullité de la convention. Nous devons en même temps remarquer que dans l'espèce que nous posons, l'art. 1172 n'est pas appliqué, quoique nous nous trouvions dans le cas d'une condition contraire aux mœurs, conçue d'une façon positive. C'est l'exception que nous avons annoncée au numéro 53.

Si quelqu'un se soumet à une peine conventionnelle dans le cas où il ne commettrait pas un acte immoral, le but de la convention est contraire aux bonnes mœurs. Il faut donc annuler cette convention dans l'intérêt de la morale, et ne pas admettre encore de similitude entre la condition immorale et la condition impossible. En effet, la condition impossible négative n'annule pas le contrat qui lui est subordonné, et nous admettons que dans ce cas la condition immorale négative l'annule. Dans cette espèce, nous devons reconnaître que l'art 1173 est exact lorsqu'il dit d'une façon implicite que le contrat est annulé par la condition immorale, même lorsqu'elle est négative.

57. — Nous voyons donc que la similitude des effets des conditions immorales avec les effets des conditions impossibles n'est pas toujours admise. Nous pouvons même citer l'exemple d'une

condition immorale négative, qui tantôt produira des effets conformes à l'esprit de l'art. 1173, et tantôt des effets entièrement opposés, suivant les exigences de la morale, sans que jamais cette condition soit assimilée à la condition impossible négative. Supposons la promesse d'une certaine somme faite à quelqu'un, sous la condition qu'il ne commettra pas un acte immoral. Si l'assimilation de la condition immorale à la condition impossible était parfaite, cette convention serait toujours valable, puisque la condition impossible négative laisse subsister la convention; mais toujours en vertu du principe qui veut que l'intérêt de la morale soit préféré, une semblable convention sera tantôt nulle, tantôt valable. Si une personne promet à une autre une certaine somme sous la condition, par exemple, que cette dernière ne volera pas un objet appartenant à un ami de la personne qui fait la promesse; bien que la convention semble avoir un but moral, puisqu'elle doit détourner le stipulant du vol, cependant, dans l'intérêt des bonnes mœurs, pour empêcher d'indignes spéculations, il faudra annuler le contrat. Nous ne pouvons d'abord admettre que quelqu'un se fasse récompenser pour avoir rempli un devoir: celui qui accepte un avantage pécuniaire pour avoir accompli une action qui n'était qu'un devoir, ou s'être abstenu d'un fait qui était un crime, agit contre l'honneur en faisant croire que le désir du gain et non la voix de sa conscience a été le mobile de sa conduite. De plus, outre ces considérations, qui ne seraient peut-être pas suffisantes pour faire annuler le contrat, nous devons surtout appuyer notre décision sur la crainte de voir ce contrat donner naissance à d'indignes spéculations. Celui qui se trouverait gêné par la condition imposée à un autre de s'abstenir d'un acte immoral, ou qui aurait intérêt à ce que le devoir prescrit par la condition ne fût pas rempli, pourrait, en donnant une somme plus forte que celle qui a été promise par celui qui avait un intérêt opposé, déterminer une mauvaise action ou l'abstention d'un devoir. Ou bien encore, dans l'espèce posée plus haut, ne serait-il pas injuste de consacrer une promesse arrachée peut-être par la crainte! Celui qui doit recevoir la somme a peut-être menacé celui qui l'a promise de nuire à un ami de ce dernier. C'est peut-être à l'aide de ce moyen indigne qu'il a obtenu la promesse. Ainsi donc la convention est nulle; la condition immorale négative n'est pas assimilée à la condition impossible négative, et l'art. 1173 reçoit son application.

Mais si quelqu'un, sans y avoir d'intérêt personnel, par pure bienveillance, promet à un ivrogne une somme à condition qu'il ne s'enivrera pas pendant un an, ce contrat aura un but moral et sera valable. En effet, on n'a plus ici à craindre de honteuses spéculations, car le promettant n'a aucun intérêt personnel à ce que la condition soit accomplie, et par conséquent cet intérêt ne peut se trouver en conflit avec celui d'un tiers, qui pourrait exciter le stipulant à commettre l'acte immoral. De plus, l'excellence du but qu'on se propose, qui est de corriger l'ivrogne, doit l'emporter sur les considérations que nous avions fait valoir par rapport à l'espèce de déshonneur qui s'attache à celui qui se fait promettre une somme pour s'abstenir d'une action honteuse. Ainsi donc la convention est valable, mais non pas comme pure et simple, ce qui arriverait si l'effet de cette condition immorale négative était identique à celui de la condition impossible négative, mais comme conditionnelle. La somme ne sera due qu'autant que l'ivrogne ne boira pas de vin pendant un an. De plus, l'article 1173 n'est plus exact, puisque nous voyons une condition de ne pas faire un acte immoral ne pas annuler le contrat.

58. — Jusqu'ici nous n'avons examiné que les effets des conditions impossibles ou immorales suspensives, jointes aux contrats. L'examen de ces conditions sous la forme résolutoire nous amène encore à reconnaitre que les articles 1172 et 1173 pêchent par une rédaction trop générale qui les rend inexacts. En effet, la condition physiquement impossible résolutoire et en même temps positive, loin d'annuler le contrat comme la condition suspensive, le laisse subsister comme pur et simple. Dans le cas de la condition suspensive, c'était la réalisation de l'obligation qui était impossible, et dans le cas de la condition résolutoire c'est au contraire la résolution de l'obligation qui ne peut avoir lieu, puisque c'est elle qui est subordonnée à l'évènement impossible.

Si la condition physiquement impossible résolutoire est négative, nous devrons encore décider le contraire de ce que nous avons dit pour la condition suspensive. Le contrat fait sous une condition physiquement impossible résolutoire et négative est nul, puisque c'est la condition de ne pas faire une chose impossible qui suspend la résolution du contrat, et que par conséquent cette résolution est certaine et doit être considérée comme pure et simple.

59. — Nous appliquerons les mêmes principes aux conditions moralement impossibles résolutoires, et nous déciderons que la condition de faire ou de ne pas faire une chose illicite, appliquée à la résolution d'un contrat, laissera valable ce contrat ou l'annulera, suivant les distinctions que nous avons admises en parlant des conditions moralement impossibles suspensives et qui obligent quelquefois, dans l'intérêt de la morale, à repousser l'analogie complète des effets des conditions contraires aux lois ou aux bonnes mœurs avec les effets des conditions physiquement impossibles.

60. — Lorsque plusieurs conditions sont insérées dans un contrat, toutes doivent être accomplies pour que l'obligation soit valable. Or, il peut arriver que certaines conditions soient possibles et que d'autres ne le soient pas, que les unes soient conformes aux lois et aux bonnes mœurs, tandis que les autres sont tout à fait contraires aux lois de la morale. Dans ce cas, le contrat sera vicié par les conditions physiquement ou moralement impossibles, encore bien que les conditions possibles ou licites soient accomplies. Toutefois, il en serait différemment si les conditions insérées dans le contrat étaient séparées par la conjonction ou. En effet, il suffit alors qu'une seule condition soit accomplie pour que l'obligation prenne naissance; or, la condition impossible ne pourra recevoir d'exécution, mais la condition possible pourra être exécutée, et alors le contrat sera valable, l'obligation prendra naissance.

Nous aurons le même résultat, le contrat sera valable dans le cas où deux conditions possibles, insérées dans un contrat, s'entre détruisent, c'est-à-dire dans le cas où l'accomplissement de l'une entraîne nécessairement l'anéantissement de l'autre. Si, par exemple, je vous vends ma maison, si tel navire revient d'Afrique ou s'il n'en revient pas. En effet, il est évident que si la première condition s'accomplit, la seconde ne s'accomplira pas.

et que de plus l'un ou l'autre évènement doit avoir lieu. Il n'y a donc pas évènement incertain constituant la condition proprement dite. Nous avons contracté d'une façon pure et simple; il n'y a pas condition dans la vente.

61. — Il faut, du reste, avoir grand soin dans cette matière de distinguer la véritable condition, l'évènement futur et incertain qui suspend ou résout l'obligation des simples pactes accessoires, des différentes clauses qui peuvent être insérées dans le contrat. La condition proprement dite reconnue impossible ou immorale, entraînera la nullité du contrat tout entier qu'elle régit, tandis que la clause accessoire impossible ou immorale restera sans effet mais n'annulera pas le contrat tout entier. Ainsi dans un contrat de mariage, par exemple, si certaines clauses illicites étaient insérées, si la femme stipulait le droit d'administrer la communauté, si elle se réservait les droits de la puissance paternelle, de pareilles clauses seraient évidemment nulles; mais il ne faudrait pas pour cela annuler le contrat tout entier. Ces conventions accessoires ne peuvent être considérées comme des conditions proprement dites suspendant l'effet de la convention principale. Si donc elles ne peuvent recevoir d'effet, elles ne sauraient enlever celui de la disposition principale : *utile per inutile non vitiatur.*

Cependant, s'il était constant que les époux, en dictant leurs conventions matrimoniales, ont voulu faire un acte complétement contraire à la loi, et ont bien entendu ne pas avoir d'autre contrat de mariage que ce contrat prohibé; si, par exemple, il était dit d'une façon expresse que le contrat ne devrait subsister que sous la condition que l'aîné des enfants à naître du mariage aurait la totalité des biens; s'il était ajouté que dans le cas contraire les époux voulaient que toutes les autres dispositions du contrat fussent annulées, il faudrait bien déclarer ces époux mariés sans contrat de mariage, sous le régime de la communauté légale.

62. — Certaines conditions, ne renfermant aucun fait impossible ou illicite, produisent cependant des effets analogues à ceux des conditions physiquement ou moralement impossibles sur les contrats qu'elles accompagnent; ce sont les conditions destructives

de l'obligation. Nous en parlerons brièvement, seulement à cause de la similitude d'effets qui existe entre ces conditions et les conditions impossibles ou immorales.

Les conditions sont divisées d'après la nature du fait qui les constitue en conditions casuelles, potestatives et mixtes, suivant que l'acte qui suspend ou résout l'obligation émane du hasard de la volonté des parties, ou de la volonté d'une des parties s'accordant avec la volonté d'un tiers.

Lorsqu'une condition est purement potestative de la part de celui qui s'oblige, c'est-à-dire lorsque l'accomplissement de la condition dépend uniquement de la simple volonté de celui qui se soumet à une obligation quelconque, le contrat est nul, l'obligation n'existe pas. Mais si la condition insérée dans le contrat, quoique potestative de la part de celui qui s'oblige, devait cependant, pour être accomplie, nécessiter de sa part un fait extérieur assez important pour lui imposer une certaine gêne, pour exiger de lui un certain effort, la condition ne serait plus purement potestative, et le contrat serait valable. Lorsque nous parlerons de l'effet de ces conditions dans les actes de libéralité entre-vifs, nous verrons que dans ce cas, au contraire, il suffit que la condition dépende de la volonté du donateur pour annuler la donation. Nous pouvons prendre dans notre espèce, comme exemple d'une condition purement potestative, la condition : si je le veux, si cela me plaît. Il est évident que l'obligation subordonnée à une semblable condition ne peut naître. Mais la condition : si je fais tel voyage, quoique potestative, laissera subsister le contrat, car nous ne sommes plus dans le cas où la volonté pure, dégagée de tout fait extérieur important, peut seule accomplir ou faire défaillir la condition.

La condition : lorsque je le voudrai, ne devrait pas non plus être assimilée à la condition : si je le veux, car elle indique plutôt un terme qu'une condition, et par conséquent l'obligation n'est pas suspendue ; elle prend naissance immédiatement. Cette distinction était déjà faite par les jurisconsultes romains qui déclaraient nulle l'obligation contractée sous la condition : *Si voluero*, et valable celle contractée sous la condition *cum voluero*. Dans ce dernier cas, comme le temps de l'exécution n'était pas fixé, qu'il était laissé au choix de l'obligé, on ne pouvait forcer celui-ci à exécuter de son vivant, mais après sa mort ses héritiers étaient contraints d'accomplir l'obligation.

63. — Nous terminerons l'étude des effets des conditions impossibles ou immorales dans les contrats par l'examen des cas où, malgré la nullité de l'obligation, celui qui était obligé a exécuté.

Si un individu s'est obligé sous condition physiquement impossible; et si, malgré que l'obligation soit nulle, il a accompli le paiement auquel il s'était engagé, il peut répéter ce qu'il a payé. Toutefois, il en serait différemment si l'obligé avait manifesté, d'une façon sinon expresse du moins apparente, que son intention est de gratifier son cocontractant, qu'il a voulu exercer une libéralité. Il faudrait, de plus, que l'objet donné pût ainsi changer de propriétaire au moyen d'une donation, sans que les formalités requises pour ce genre de disposition fussent nécessaires. Ce qui pourrait arriver, par exemple, dans le cas du don d'une somme d'argent.

Si la condition qui régit le contrat est contraire aux lois ou aux bonnes mœurs, l'obligé qui aura exécuté sera admis à la répétition ou perdra ce qu'il aura payé, suivant les circonstances.

En général, la répétition devra être admise lorsque le contrat sera annulé par une condition immorale, car nul ne peut retenir ce qui ne lui appartient pas. Ainsi, je promets une certaine somme à telle personne sous la condition qu'elle n'assassinera pas telle autre personne qui m'est chère. Nous savons que bien que la condition contenant un fait immoral soit dans ce cas négative, l'intérêt des bonnes mœurs exige que le contrat soit annulé. En supposant que la somme ait été payée par moi, j'aurai évidemment le droit de forcer mon cocontractant à me rendre le prix de sa turpitude.

Mais la décision ne sera plus la même si les deux parties contractantes sont complices de l'immoralité. Ainsi, je vous promets une certaine somme, sous la condition que vous commettrez un vol, et vous vous engagez à accomplir cet acte immoral. Je vous paie, puis je veux revenir sur le contrat et je répète la somme payée. Serai-je admis dans ma demande ? Nous peusons que dans ce cas l'indignité des deux parties doit empêcher la loi de protéger l'une ou l'autre. Si la somme promise n'a pas été payée, le stipulant ne pourra pas contraindre le promettant, et si elle a été payée, le promettant ne pourra pas se faire rendre par le stipulant. Que pourrai-je, en effet, invoquer pour motiver la répétition ? L'immoralité de l'acte qui annule le contrat ? Mais c'est moi qui suis l'auteur principal de cette immoralité, puisque je vous ai engagé au vol par l'appât d'une récompense. Pourrai-je m'appuyer sur le principe que nul ne peut s'enrichir aux dépens d'autrui ? Nous ne le pensons pas ; dans un acte aussi profondément immoral, où il n'y a pas d'innocent à protéger, personne ne peut réclamer le bénéfice de la loi, et la maxime romaine : *In pari causa, causa mœlior est possidentis,* doit être suivie.

CHAPITRE V.

DES CONDITIONS PHYSIQUEMENT OU MORALEMENT IMPOSSIBLES INSÉRÉES DANS LES DISPOSITIONS ENTRE-VIFS OU TESTAMENTAIRES.

64. — Division du chapitre.

64. — Les effets des conditions physiquement ou moralement impossibles dans les dispositions entre-vifs ou testamentaires sont réglés par l'art. 900, que nous avons déjà étudié à un point de vue général, en examinant quels ont pû être les motifs qui ont guidé le législateur, lorsqu'il a réputé non écrites ces conditions, tout en maintenant la donation ou le testament subordonné à la condition impossible ou immorale. Nous devons maintenant étudier les détails des conséquences juridiques résultant de l'insertion de semblables conditions, d'après l'art. 900 ; ce sera le sujet d'une première section. Dans une seconde, nous nous placerons en dehors de l'article précité, et nous traiterons brièvement certaines conditions qui, quoique renfermant un fait licite, annulent cependant la donation. Enfin, dans une troisième section, nous nous occuperons de conditions annulant la donation ou le testament, comme constituant une disposition prohibée par la loi.

SECTION PREMIÈRE.

*Des conditions impossibles ou immorales réputées non écrites
et n'annulant pas la disposition.*

—

65. Effets des conditions physiquement ou moralement impossibles d'après
l'art. 900. — 66. Si la condition devenue impossible après la confection de
la donation doit toujours être réputée non écrite? — 67. Si la condition
devenue impossible après la mort du testateur doit toujours être réputée non
écrite? — 68. Des conditions possibles et impossibles en même temps. —
69. Si les effets des conditions impossibles sont toujours assimilés aux effets
des conditions immorales dans les actes de libéralité?

———

65. — Les conditions contraires aux lois de la nature, aux
lois du droit positif ou aux bonnes mœurs, n'annulant jamais
les dispositions entre-vifs ou testamentaires dans lesquelles
elles sont insérées, nous ne sommes plus obligés d'adopter les
distinctions que nous avions admises, en traitant des effets de
ces conditions dans les contrats. Les divisions des conditions en
suspensives ou résolutoires, positives ou négatives, ne nous présentent plus la même utilité.

Pour la condition renfermant un fait physiquement impossible,
qu'elle soit suspensive ou résolutoire, conçue d'une façon positive ou d'une façon négative, le résultat sera toujours le même.
En effet, cette condition pourra bien, au moyen des différentes
formes que l'on peut lui donner, d'impossible devenir nécessaire ;
mais alors elle sera inutile, et comme telle devra être réputée
non écrite. Prenons deux exemples, une condition suspensive et
positive, et une condition résolutoire et négative : Je vous lègue
ma maison, si vous allez dans la lune ; et : Je vous lègue ma
maison, mais le legs sera résolu si vous n'allez pas dans la
lune. Dans ces deux espèces, il est certain que j'ai eu l'intention de soumettre la validité de mon legs à l'accomplissement

d'une impossibilité physique. L'art. 900 est donc applicable
aux deux cas, et le legs est valable comme pur et simple, tandis qu'un contrat fait sous ces deux mêmes conditions serait
nul. Supposons maintenant deux conditions, l'une suspensive
et négative, et l'autre résolutoire et positive : Je vous lègue ma
maison, si vous n'allez pas dans la lune ; et : je vous lègue ma
maison, mais le legs sera résolu si vous allez dans la lune. Il
est évident que dans ces deux cas moi, testateur, j'ai voulu que
mon legs fût valable, en soumettant dans la première espèce la
naissance du droit du légataire à une condition qui doit nécessairement se réaliser (la condition renfermant un fait impossible et conçue d'une façon négative devient ici nécessaire), et
en soumettant dans la seconde la résolution du droit du légataire seulement à l'accomplissement d'un fait impossible. Dans
ce cas encore, le legs sera donc considéré comme pur et simple,
et la condition réputée non écrite comme inutile.

Quant aux conditions renfermant un fait contraire aux lois ou
aux bonnes mœurs, il ne faut pas davantage tenir compte des
différentes formes que peut présenter la condition ; il faut examiner seulement si la condition a un but moral ou si elle peut
conduire à un résultat que réprouvent les lois ou les bonnes
mœurs. Dans les deux cas, la disposition sera valable en vertu
de l'art. 900 ; mais dans le premier la condition sera maintenue
et devra être accomplie pour que la disposition ait son effet, tandis que dans le second elle sera réputée non écrite. Prenons des
conditions présentant les mêmes formes que celles que nous avons
citées tout à l'heure : Je vous lègue ma maison si vous assassinez
telle personne ; et : je vous lègue ma maison, mais mon legs sera
résolu si vous n'assassinez pas telle personne. Ces deux conditions ont un but immoral, elles doivent être réputées non écrites
sans que la validité du legs en soit affectée. Je vous lègue ma
maison si vous n'assassinez pas telle personne ; et : je vous lègue
ma maison, mais le legs sera résolu si vous assassinez telle personne. Ces deux conditions favorisent l'intérêt de la morale,
elles doivent donc être maintenues ; et si le fait immoral défendu
par ces conditions venait à être accompli, il faudrait annuler le
legs.

66. — En nous occupant de distinguer les différentes impossibilités physiques ou morales, nous avons considéré la permanence comme un caractère essentiel de l'impossibilité. Cependant, nous avons ajouté que dans les actes de libéralité certaines conditions, possibles d'abord, pouvaient ensuite être réputées non écrites, et que par conséquent leur accomplissement n'était pas nécessaire à la validité de la disposition. Dans une donation, par exemple, si la condition, possible au moment où le donateur fait des offres au donataire, devient impossible en fait entre les offres du donateur et l'acceptation du donataire, il est certain que la condition devra être réputée non écrite, et que la donation sera considérée comme pure et simple, puisque la condition ne pouvait être exécutée au moment où la donation est devenue parfaite par l'acceptation du donataire. Le même raisonnement devrait être appliqué si la condition devenait impossible après l'acceptation, mais avant la notification de cette acceptation au donateur, dans le système de ceux qui prétendent que la donation n'est parfaite qu'après la notification. Si la condition n'est devenue impossible qu'après la perfection de la donation, son accomplissement entraînera généralement la nullité de la donation; elle ne sera pas assimilée à la condition impossible. Toutefois, il faut dans cette matière s'en rapporter à l'art. 1175, qui décide que les conditions doivent être accomplies de la manière que les parties ont vraisemblablement entendu qu'elles le fussent. Ainsi, je vous donne ma maison, si vous épousez ma nièce. Celle-ci meurt après la perfection de la donation. Si j'ai voulu que ma nièce profitât de ma libéralité, si c'est dans ce but que j'ai fait la donation, il est évident qu'on doit l'annuler pour défaut d'accomplissement de la condition; mais si j'ai eu seulement pour but d'obtenir votre consentement à ce mariage, si vous avez fait toutes les démarches nécessaires pour le réaliser, la mort de la jeune fille, que vous deviez épouser, ne fera pas annuler la donation, puisque vous vous êtes soumis à la volonté exprimée dans la condition.

67. — Dans le cas du testament, nous devons admettre les mêmes distinctions. Si la condition d'abord possible est devenue en fait impossible du vivant du testateur, il est évident qu'elle

doit être réputée non écrite et que le legs sera pur et simple. Si la condition est devenue impossible après la mort du testateur, auquel a survécu le légataire, et après la mort de ce légataire, le legs sera évidemment caduc. En effet, tant que le légataire a vécu la condition ne pouvait être réputée non écrite, puisqu'elle était possible; et après sa mort, peu importe qu'elle soit réputée non écrite ou reconnue comme valable, puisque son accomplissement après la mort du légataire n'empêcherait pas la caducité du legs.

Si l'impossibilité est survenue depuis la mort du testateur, mais avant celle du légataire, la condition sera en général considérée comme défaillie et le legs sera caduc. Toutefois, nous admettrons la même distinction que pour la donation, et nous déciderons que l'intention des parties doit fixer la manière d'accomplir la condition, et que le legs sera valable, comme fait sous une condition censée accomplie, ou caduc, comme fait sous une condition défaillie, suivant la volonté présumée du testateur.

68. — Nous avons vu que dans les contrats les conditions possibles et en même temps impossibles, qui y étaient insérées, annulaient ces contrats, puisque toute condition régissant un contrat doit être accomplie complétement, pour que ce contrat puisse exister. L'art. 900 ne nous permet plus une semblable décision pour les testaments et les donations. Lors donc qu'une condition impossible et une condition possible seront insérées dans une de ces dispositions, la condition possible devra être accomplie et la condition impossible réputée non écrite. Il en sera de même dans le cas où une condition en partie possible et en partie impossible serait insérée dans un acte de libéralité. La partie possible sera accomplie et la partie impossible réputée non écrite.

69. — En parlant des effets des conditions impossibles ou immorales dans les contrats, nous avons reconnu certaines différences entre les effets de l'impossibilité physique et ceux de l'impossibilité morale. Nous avons vu que cette similitude, établie uniquement dans l'intérêt de la morale, devait cesser toutes les fois qu'elle n'était plus nécessaire au maintien des lois ou des bonnes mœurs, ou qu'elle pourrait même leur nuire. Ces deux espèces de conditions ont une nature différente. Les conditions

impossibles sont privées d'un des éléments essentiels de la condition, l'incertitude de l'événement, tandis que les conditions immorales possèdent cet élément. Il est certain immédiatement que
les premières ne seront jamais accomplies, tandis que les secondes peuvent l'être parfaitement; on dit qu'elles sont impossibles seulement par suite de la fiction qui répute le mal moral
impossible pour l'homme. De cette dissemblance dans la nature
de ces conditions résulte dans les testaments et les donations une
différence dans les effets. Nous avons déjà donné des exemples
dans lesquels cette différence se rencontre. Ainsi, lorsqu'une condition renferme un fait impossible et qu'elle est conçue d'une
façon négative : Je vous lègue ma maison si vous n'allez pas dans
la lune, la condition devant nécessairement s'accomplir, puisque
le fait qui ne doit pas recevoir d'exécution est physiquement
impossible, doit être réputée non écrite comme inutile et le legs
demeure pur et simple; au contraire, lorsque la condition renferme un fait contraire à la morale et qu'elle est conçue d'une
façon négative : Je vous lègue ma maison si vous n'assassinez pas
telle personne, dans l'intérêt des bonnes mœurs, on ne doit pas
décider que la condition ne peut être accomplie, et si celui à qui
elle est imposée commettait le crime, la condition devrait produire son effet et le legs devrait lui être enlevé. Nous voyons donc
que l'impossibilité physique ne doit pas toujours être assimilée à
l'impossibilité morale. Nous pouvons citer à l'appui de cette opinion le cas où un legs est imposé à un héritier à titre de peine.
Nous avons déjà dit que ce legs, défendu par l'ancien droit romain,
était permis sous la législation actuelle. Seulement, lorsque le fait
ordonné par le testateur à son héritier est impossible ou contraire à la morale, le legs doit être annulé comme n'ayant plus
de cause licite.

Supposons qu'un testateur impose un legs à son héritier dans
le cas où il n'irait pas dans la lune. L'héritier ne pouvant, d'a-
près les lois de la nature, exécuter la condition imposée par le
testateur, ne doit pas être puni ; le legs sera nul. Si le testateur
a imposé à son héritier un legs dans le cas où il irait dans la
lune, le legs sera encore nul, puisque la condition qui lui donne-
rait naissance doit nécessairement défaillir.

Mais si nous remplaçons le fait impossible par un fait immoral, nous ne pouvons pas annuler le legs dans les deux ypothèses, en assimilant complétement l'impossibilité physique à l'impossibilité morale. Un testateur impose un legs à son héritier dans le cas où il n'assassinerait pas cette personne. L'acte renfermé dans la condition est contraire à la morale; l'héritier ne doit pas être puni de ne pas l'accomplir. La condition et le legs seront donc nuls. Un testateur, au contraire, impose un legs à son héritier dans le cas où il assassinerait quelqu'un. Dans cette espèce, le legs ne sera pas annulé, car la condition a un but moral; et si, contrairement à la fiction qui répute impossible le mal moral, l'héritier devenait assassin, il serait obligé d'acquitter le legs.

—

SECTION II.

Des conditions possibles annulant la disposition.

—

70. De la condition potestative, destructive de la donation. — 71. De la règle : donner et retenir ne vaut, dans l'ancien droit. — 72. Valeur de cette règle sous la législation actuelle. — 73. Exceptions à la règle.

———

70. — La condition que nous allons étudier dans cette section ne rentre pas précisément dans notre sujet, puisqu'elle ne renferme ni fait physiquement impossible, ni fait moralement impossible; mais, comme en nous occupant de l'effet des conditions physiquement ou moralement impossibles dans les contrats, nous avons été amenés à parler de la condition potestative qui les annule, nous devons examiner cette condition appliquée aux donations.

Nous avons vu que toute condition, quoique renfermant un fait possible et licite, annulait le contrat qui lui était subordonné lorsqu'elle avait pour but de faire dépendre l'obligation de la seule volonté de celui qui s'oblige. Dans la donation, la condition potestative entraîne aussi la nullité de l'acte. Bien plus, cette condition n'a pas besoin, comme dans les contrats ordinaires, de dépendre de la seule volonté de celui qui s'oblige; il suffit qu'elle dépende en quelque façon de la volonté du donateur pour entraîner la nullité de la donation. Cette différence tient à l'ancienne règle : donner et retenir ne vaut, règle qui avait pour but de diminuer autant que possible le nombre des dérogations à l'ordre légal des successions, en imposant au donateur l'obligation de se dessaisir irrévocablement et immédiatement des biens dont il voulait disposer par donation.

71. — Pour bien comprendre l'importance de la règle : donner et retenir ne vaut, dans notre législation, il faut se rappeler que le droit de tester, considéré comme ayant une origine purement civile, avait été restreint par les législateurs de l'ancien droit. Il n'était permis de disposer par testament que d'un cinquième de ses propres. Le droit de donner par acte entre-vifs, considéré comme un attribut du droit naturel, n'avait pas été restreint; il était donc facile de déroger à l'ordre des successions, en disposant par donation entre-vifs d'une partie ou de la totalité de ses biens. Ce fut pour obvier à ce danger que fut établie la règle dont nous nous occupons. On voulut que l'importance de l'acte fit réfléchir le donateur et l'empêchât de disposer de biens qu'il ne lui serait plus possible d'enlever au donataire pour les rendre à ses héritiers naturels; on voulut surtout, en obligeant à un dessaisissement immédiat le donateur, empêcher les fréquentes donations qu'auraient pu faire ceux qui n'auraient compromis que l'intérêt de leurs héritiers, sans s'imposer à eux-mêmes la privation de la jouissance de biens auxquels ils étaient probablement fort attachés.

72. — La règle : donner et retenir ne vaut, a passé dans la législation actuelle sans avoir les mêmes motifs d'existence. Le droit de tester et le droit de donner par acte entre-vifs sont, en effet, limités de la même façon; la réserve légale s'applique aussi bien aux donations qu'aux testaments. On pourrait cependant donner, comme motif de cette règle sous le Code, l'avantage qu'elle offre d'empêcher la propriété de demeurer incertaine, en fixant d'une

façon irrévocable le droit du donataire. Cette règle n'est plus, du reste, entendue comme autrefois; elle fait bien opérer par la donation une translation immédiate de la propriété, mais il n'est plus nécessaire que le donateur se dépouille de la jouissance même des biens donnés.

Toute condition dont l'accomplissement peut dépendre de la volonté du donateur devra donc annuler la donation, comme portant atteinte à la règle : donner et retenir ne vaut. Ainsi, la condition imposée par le donateur de payer les dettes qu'il laissera à son décès est contraire au principe de l'irrévocabilité des donations, puisqu'il dépend de la volonté de ce donateur de faire des dettes ou de gérer son patrimoine en bon père de famille. De même, la donation soumise à la condition : si le donateur va ou ne va pas à Paris, sera nulle comme soumise à une condition potestative, quoique la volonté seule du donateur ne suffise pas pour assurer l'exécution de la condition. Mille obstacles, en effet, peuvent s'opposer à la réalisation du voyage.

Pour bien apprécier les conditions insérées dans les donations, nous devons toutefois nous rappeler que la règle : donner et retenir ne vaut, n'exige plus, comme sous l'ancien droit, que le donateur se dépouille immédiatement de la jouissance même de l'objet donné. Ainsi la donation d'une somme d'argent, faite sous la condition que cette somme ne sera payée qu'à la mort du donateur, sera parfaitement valable. La règle donner et retenir ne vaut ne sera pas violée par une semblable condition, puisqu'il ne dépend plus de la volonté du donateur que la somme donnée ne soit pas due d'une façon irrévocable. Il pourra bien arriver que le donateur devienne insolvable et que le donataire soit dans l'impossibilité de se faire payer; mais la dette n'en existera pas moins d'une façon irrévocable au jour de la donation, et si l'héritier du donateur accepte sa succession sans invoquer le bénéfice d'inventaire, il pourra être contraint de payer au donataire la somme donnée.

73. — Certaines donations ne sont pas soumises à la règle : donner et retenir ne vaut; et, par conséquent, les conditions potestatives de la part du donateur ne peuvent les annuler. Ce sont les donations faites en faveur du mariage. La loi a voulu, en

diminuant la sévérité de ses prescriptions, favoriser ces sortes de libéralités. Le donateur peut donc parfaitement imposer au donataire qui se marie l'obligation de payer les charges qui pourront peser sur sa succession ; il peut de même subordonner sa libéralité à un évènement à l'accomplissement duquel contribuera sa volonté. Quant aux donations faites entre époux, pendant le mariage, non-seulement elles sont affranchies de la règle : donner et retenir ne vaut, mais elles sont révocables au gré du donateur, comme le legs l'est au gré du testateur.

SECTION III.

Des conditions constituant une disposition prohibée par la loi.

---

74. — De la donation à cause de mort. — 75. De la condition constituant la donation à cause de mort. — 76. De certaines donations permises présentant quelques caractères de la donation à cause de mort. — 77. Des substitutions prohibées. — 78. Historique des fidéicommis. — 79. Caractères distinctifs des substitutions prohibées. — 80. Des conditions contituant la substitution prohibée. — 81. Effets de la condition constituant la substitution prohibée sur la disposition entre-vifs ou testamentaire.

---

74. — Il nous reste à nous occuper de certaines conditions qui, insérées dans une disposition entre-vifs ou testamentaire, changent la nature de la donation ou du testament et leur impriment un caractère que la loi réprouve. Ces conditions échappent complétement aux prescriptions de l'art. 900, puisque, loin d'être réputées non écrites, elles entraînent la nullité de la disposition qu'elles accompagnent. Nous traiterons d'abord des dispositions auxquelles la condition donne les caractères de la donation à cause de mort, puis nous étudierons les dispositions qui, en vertu des conditions qu'elles renferment, présentent les caractères de la substitution prohibée.

De la donation à cause de mort. — Notre ancienne législation avait placé entre la donation entre-vifs et le testament un troisième mode de disposer à titre gratuit, qu'elle avait emprunté au droit romain. Ce mode de libéralité était la donation à cause de mort. Dans la donation entre-vifs, nous savons que la règle donner et retenir ne vaut exige la translation immédiate et irrévocable de la propriété, et que, par conséquent, le donateur est présumé préférer le donataire à lui même. Dans la donation à cause de mort, au contraire, le donateur se préférait au donataire et préférait celui-ci à ses héritiers, c'est-à-dire que le donateur entendait seulement gratifier le donataire dans le cas où il viendrait à mourir avant ce donataire. Ordinairement même c'était dans la prévision d'un danger menaçant la vie du donateur qu'une semblable donation était faite.

La donation à cause de mort participait donc de la nature de la donation entre-vifs, en ce qu'elle devait être acceptée par le donataire du vivant du donateur, et de la nature du testament, en ce que sa validité dépendait du prédécès du donateur et qu'elle était révocable au gré de ce donateur.

La double nature de ce mode de disposer nécessita des règles particulières pour la forme de la donation à cause de mort; et comme en certains points cette donation ressemblait au testament ou à la donation entre-vifs, il devint très-difficile de distinguer la véritable nature de la libéralité; beaucoup de procès s'ensuivirent. Pour faire disparaître ces difficultés, l'ordonnance de 1731 exigea que la donation à cause de mort fût faite dans les mêmes formes que les testaments, sauf toutefois celles qui seraient insérées dans un contrat de mariage. L'art. 893 du Code, en disant qu'on ne peut disposer à titre gratuit que par donation entre-vifs ou par testament, a encore été plus loin que l'ordonnance de 1731, puisqu'il supprime ainsi implicitement toute donation à cause de mort.

75. — La condition insérée dans une donation, qui tendra à lui faire perdre le caractère de donation entre-vifs pour la changer en condition à cause de mort, ne devra pas seulement être réputée non écrite comme étant illicite, la disposition entière sera annulée comme contraire aux prescriptions de la loi. Ainsi :

Je vous donne ma maison dans la prévision d'un danger qui me menace, et j'insère dans la disposition la condition que vous me rendrez cette maison si j'échappe au danger. Il est certain que je n'ai pas voulu vous gratifier à mon préjudice, que j'ai entendu seulement vous préférer à mes héritiers. Nous ne pouvons reconnaître ici les caractères de la donation entre-vifs; la disposition doit donc être annulée.

Toutefois, il faut remarquer que si dans un testament un legs était accepté par un légataire du vivant du testateur, cela ne suffirait pas pour faire annuler la disposition comme donation à cause de mort. En effet, cette acceptation n'oblige pas, comme dans un contrat, le testateur et le légataire ; elle ne peut changer la nature du legs. Le testament qui, par ailleurs, serait revêtu de toutes les formes exigées par la loi, serait donc valable. Si nous supposons un testament olographe, dans lequel le légataire intervenant aurait de sa main accepté le legs fait en sa faveur, nous devrons adopter une décision contraire. En effet, l'art. 970 serait applicable ; un seul mot d'une écriture autre que celle du testateur annule le testament.

76 — Malgré la prohibition des donations à cause de mort par le Code, nous trouvons cependant certaines donations autorisées par notre législation, qui présentent plusieurs caractères des donations à cause de mort. Ce sont les donations faites pendant le mariage entre époux, révocables au gré du donateur. Il faut avoir soin toutefois de les considérer comme des donations entre-vifs, et de leur appliquer les règles de ces donations. Ainsi, l'acceptation expresse sera nécessaire pour les donations faites entre époux pendant le mariage, quoique sous l'ancienne législation l'acceptation tacite fût suffisante pour les donations à cause de mort. De même, en cas de réduction à la quotité disponible, on leur appliquera la réduction par ordre de date, tandis que les donations à cause de mort étaient réduites, comme les legs, au marc le franc.

77. — *Des substitutions prohibées.* — Avant d'examiner quelles sont les conditions qui constituent la substitution prohibée, nous devons nécessairement nous efforcer de déterminer les caractères distinctifs de ce genre de disposition proscrit par la loi.

Nous commencerons par étudier la question au point de vue historique, ce qui nous permettra de bien fixer le sens du mot substitution sous l'empire de notre législation.

La substitution, considérée à un point de vue général, est une disposition par laquelle une personne est appelée à recueillir une libéralité à défaut d'une autre ou après elle. La disposition qui appelle un individu à succéder ou à profiter d'une libéralité à défaut d'un premier appelé est formellement autorisée par l'art. 898 du Code. Nous pouvons donc tout d'abord décider que la substitution dont parle l'art. 896 ne comprend pas ce genre de disposition dont l'origine remonte à l'ancien droit romain, et qu'on appelait substitution vulgaire.

La substitution vulgaire est directe, c'est-à-dire que le second appelé, venant à recueillir la succession ou la donation, tient son droit, sans intermédiaire, de l'auteur même de la disposition. Elle servait à Rome à assurer la validité des testaments. Le citoyen romain, qui testait, choisissait par la substitution vulgaire un héritier, pour le cas où le premier institué refusait ou était incapable d'accepter l'hérédité.

La disposition qui appelle une personne à profiter d'un legs ou d'une donation, non pas à défaut d'une autre, mais après qu'un premier appelé aura déjà recueilli, constitue la substitution indirecte, c'est-à-dire la substitution dans laquelle le second appelé tient son droit, non pas immédiatement du testateur ou du donateur, mais du premier appelé. Ce genre de disposition, appelé fidéicommis, est le seul qui puisse comprendre la substitution prohibée par la loi française. Il faut cependant se garder de croire que tout fidéicommis contient une substitution prohibée. Certaines conditions doivent être ajoutées au fidéicommis ordinaire pour constituer la substitution défendue par l'art. 896.

78. — L'origine des fidéicommis n'est pas aussi ancienne que celle de la substitution vulgaire. Le fidéicommis ne fut admis à Rome que pour adoucir la rigueur du droit civil. Les nombreuses incapacités créées par différentes lois empêchaient un grand nombre de personnes de pouvoir recueillir les dispositions faites en leur faveur. Pour éluder les défenses de ces lois, on gratifiait un ami qui n'était pas atteint d'incapacité, et on le priait de re-

mettre le montant de la libéralité à la personne qu'on ne pouvait gratifier directement. Bientôt, les incapacités créées par les lois nouvelles augmentant, l'usage des fidéicommis devint plus fréquent, sans cependant que ces prières adressées au fiduciaire, c'est-à-dire à celui qu'on chargeait de rendre, fussent obligatoires. Auguste, le premier, cédant à l'opinion générale, ordonna aux Consuls d'interposer leur autorité, pour faire exécuter les fidéicommis, et un préteur particulier fut chargé ensuite de faire respecter ce genre de dispositions.

Les fidéicommis obligeaient, dans le principe, le premier appelé à restituer immédiatement; on admit plus tard que le premier appelé pourrait conserver les biens pendant un certain temps; puis enfin on se servit du fidéicommis pour établir un ordre de succession au gré du disposant. Les fidéicommis devinrent graduels et servirent à perpétuer les biens dans la même famille, en obligeant le premier appelé à rendre au second les biens donnés, dans l'état où il les avait reçus. Nous trouvons dans la novelle 159, chapitre 2, la première restriction au droit de substituer. Cette novelle fixait à quatre degrés la durée des fidéicommis.

Le droit romain, qui a tant contribué à former l'ancienne législation française, devait nécessairement lui léguer l'usage des substitutions, conforme du reste aux mœurs et à l'ordre de l'ancienne société. Pour soutenir une aristocratie, il fallait nécessairement perpétuer dans les familles la propriété des biens indispensables à leur influence. Les substitutions fidéicommissaires étant un des moyens les plus propres à conduire à ce résultat, devaient donc être vues d'un œil favorable par le législateur. Aussi la plupart des coutumes admirent-elles les fidéicommis sans aucune restriction. Cependant, dès cette époque, cet ordre successif, créé par la volonté de l'homme, à côté de l'ordre établi par la loi, souleva de nombreuses difficultés, et fut la source de graves inconvénients qu'on s'attacha à faire disparaître, en limitant les degrés des substitutions. Une ordonnance d'Orléans en 1560, une autre de Moulins en 1566, s'opposèrent à la perpétuité des fidéicommis; enfin l'ordonnance de 1747 ne permit plus que les substitutions s'étendissent au-delà de deux degrés.

La révolution de 1789, en renversant l'ancien ordre politique et social, devait supprimer les substitutions, qui n'étaient plus en rapport avec les intérêts de la nouvelle société. L'esprit démocratique, favorable à la division des fortunes, devait s'attacher surtout à détruire un des moyens les plus efficaces d'empêcher cette division. Le Code consacra ces idées; toutefois, il admit une exception en faveur des dispositions faites au profit des petits-enfants ou des enfants de frères ou de sœurs appelés en second ordre. Cette exception fut étendue par la loi de 1826, qui permit à toute personne de gratifier même un étranger, sous la condition qu'à la mort il transmettrait les biens donnés à un ou plusieurs de ces enfants. Cette loi autorisait de plus deux degrés de substitution. Enfin, une loi de 1849 a abrogé la loi de 1826, et a fait revenir au système établi par le Code.

Tels sont l'origine et le développement des substitutions que l'art. 896 déclare prohibées. Nous en pouvons donc conclure que la substitution prohibée est un fidéicommis conditionnel ou à terme incertain. La condition du prédécès du grevé de substitution doit nécessairement exister pour que le fidéicommis soit illicite. Nous pouvons maintenant examiner chacun des caractères distinctifs de la substitution.

79. — La loi, dans l'art. 896, a voulu défendre l'établissement d'un ordre successif, dérogeant à l'ordre légal réglé par le législateur au titre des successions. L'aperçu historique que nous avons tracé au paragraphe précédent nous prouve que telle a été la pensée des rédacteurs du Code. Pour que cet ordre successif soit établi par un fidéiscommis, et que par conséquent la disposition tombe sous la prohibition de la loi, il faut d'abord que nous reconnaissions dans cette disposition deux donations ou legs des mêmes biens, faits au profit de deux personnes appelées à les recueillir l'une après l'autre, de façon que le disposant manifeste l'intention de faire reposer la propriété des biens donnés ou légués successivement sur la tête des deux personnes gratifiées. L'appelé en second ordre, dans le cas où son droit viendrait à s'ouvrir, sera donc censé ne tenir ce droit qu'indirectement du disposant ou de ses héritiers, et par l'entremise de l'appelé en premier ordre. Nous devons remarquer que la disposition faite

en faveur du second appelé ne serait pas suffisamment prouvée par une simple énonciation; il faut qu'elle soit conçue en termes dispositifs. Ainsi, il n'y aurait pas substitution dans le cas, par exemple, où un testateur imposerait quelque charge à une personne qu'il dirait avoir substituée à un premier légataire, si dans le même acte ou dans un testament précédent il n'avait pas réellement appelé cette personne en second ordre. Toutefois, il n'est pas indispensable, pour que la double disposition soit reconnue, que le gratifié en second ordre soit individuellement désigné, ni même expressément appelé; il suffit que son individualité soit certaine, et que la vocation en second ordre soit suffisamment prouvée. Ainsi, il y aurait double disposition dans le cas où le testateur stipulerait le droit de retour au profit d'un tiers désigné, ou même de ses héritiers.

Un second caractère distinctif de la substitution consiste dans l'obligation juridique, imposée au grevé, de conserver et de rendre les biens légués ou donnés au substitué. Cette charge de conserver et de rendre peut résulter de toutes espèces de termes, pourvu que ces termes la rendent juridiquement obligatoire. Ainsi, il n'est pas indispensable de se servir des expressions employées dans l'art. 896 pour imposer cette obligation ; mais la simple prière ou le simple conseil de conserver et de rendre ne serait pas suffisant pour constituer la substitution. Si, dans le droit romain et dans notre ancienne législation, de semblables formes de langage suffisaient pour faire reconnaître la substitution obligatoire, c'est que ce mode de disposer était vu non-seulement avec tolérance, mais même avec faveur par ces deux législations. Sous l'empire du Code, on doit être beaucoup plus difficile, quand il s'agit de reconnaître une disposition réprouvée par la loi.

Enfin, pour que la disposition réunisse tous les caractères constitutifs de la substitution prohibée, il faut de plus que la charge de conserver et de rendre soit subordonnée à la condition de survie du second appelé, et à la condition de sa capacité au décès du grevé de substitution. C'est, en effet, cette condition de survie du second légataire au premier qui établit surtout l'ordre successif que la loi a voulu proscrire. L'art. 896 ne parle pas de ce caractère essentiel de la substitution, mais il est évident qu'il est indispensable pour faire annuler la disposition, car ce sont les substitutions présentant ce caractère et permises par l'ancienne législation que le Code a voulu défendre. Nous en trouvons d'ailleurs une preuve dans la nature des exceptions admises par le Code à la prohibition des substitutions. Les dispositions permises en faveur des petits-enfants ou des enfants de frères ou de sœurs sont soumises à la condition de survie de ces petits-enfants; il doit donc en être de même pour tout le genre des substitutions, dont ces exceptions ne sont que des espèces. Cette condition de survie du substitué au grevé n'a pas besoin d'être conçue en termes exprès, il suffit que la disposition indique d'une façon certaine que telle a été l'intention du disposant.

80. — Une double disposition, la charge de conserver et de rendre et la condition du prédécès du grevé, tels sont les caractères essentiels qu'on doit trouver dans toute substitution. Toutes les fois que dans un legs ou dans une donation nous reconnaitrons ces charges et ces conditions, nous devrons donc les déclarer illicites, comme violant les prescriptions de la loi.

Avant d'étudier certaines dispositions dans lesquelles il peut être douteux que les clauses accessoires renferment les caractères de la substitution, nous devons établir en principe que l'on doit toujours présumer que l'auteur d'un acte agit conformément aux prescriptions de la loi, et qu'il entend surtout que son acte soit efficace, ce qui ne pourrait avoir lieu si la loi était violée. Lorsque les conditions, accompagnant un legs ou une donation, ne prouveront pas d'une façon évidente que la disposition constitue une substitution, nous devrons donc considérer cette disposition comme une donation ou un legs conditionnel et nous reconnaitrons sa validité.

La charge imposée à un héritier *ab intestat*, de rendre les biens qu'il a recueillis dans la succession du disposant à un tiers, dans le cas où ce tiers lui survivrait, constitue, selon nous, une substitution. Le premier caractère, dont nous avons reconnu la nécessité pour la formation de la substitution, existe dans ce cas; on doit dire qu'il y a double disposition. L'héritier *ab intestat* recueille, il est vrai, dans tous les cas, les biens en vertu de la loi, mais la charge de conserver et de rendre qui lui est imposée constitue réellement une première institution.

Nous déciderons, au contraire, qu'il n'y a pas substitution dans le cas où un époux léguerait à son conjoint, sous la condition du prédécès de ses enfants. Il n'y a pas double institution, puisque les enfants recueilleront la succession en vertu de la loi; il y a seulement legs conditionnel. Si les enfants atteignent l'âge de seize ans, ils pourront disposer par testament des biens de la succession, et ce ne sera que dans le cas où ils viendraient à mourir sans avoir testé que le conjoint survivant prendra la totalité des biens de l'époux prémourant.

Lorsqu'un testateur lègue certains biens à une personne, sous la condition que cette personne restituera ces biens à un tiers, il peut se faire que la première disposition soit faite seulement pour la forme, que le premier légataire soit chargé seulement de tenir en dépôt les biens légués. Dans ce cas, il y a simple fiducie. Les circonstances qui accompagnent l'acte doivent dicter alors la décision. Si le grevé est autorisé à conserver quelques-uns des objets légués, ce sera une preuve de la simple fiducie; si au contraire le premier légataire est autorisé à conserver l'usufruit des biens légués jusqu'à sa mort, ce sera une grave présomption qu'il y a substitution.

La condition que les biens donnés reviendront à un tiers ou aux héritiers du disposant, en cas de mort du premier légataire sans postérité, constitue une substitution, quoiqu'on soit tenté de croire au premier abord que la disposition renferme seulement un legs valable sous condition résolutoire. En effet, le droit de retour ne peut exister d'après la loi qu'en faveur du donateur seul; or, du moment que d'après la condition il est établi en faveur d'un tiers ou même de l'héritier du donateur, il donne naissance à une véritable institution, devant avoir son effet après le décès du premier donataire. L'ordre successif prohibé par la loi se trouve ainsi établi.

La condition de ne point aliéner, insérée dans un legs en faveur soit des enfants du légataire, soit même des enfants du disposant, constitue aussi une substitution. Dans le premier cas, en effet, les biens doivent revenir aux héritiers du légataire; la défense d'aliéner pour qu'il recueille ces biens emporte donc évidemment vocation de ces héritiers en second ordre. Dans le deuxième cas, où la défense d'aliéner est faite en faveur des héritiers du disposant, il y a plus de difficultés ; cependant on peut dire que la défense d'aliéner emporte disposition implicite au profit des héritiers du disposant, et que cette disposition est suffisamment prouvée. Il en serait différemment si la condition de ne point aliéner n'était pas imposée en faveur d'une personne désignée ; alors il n'y aurait point vocation en second ordre, et on ne pourrait dire qu'une semblable condition constitue une substitution.

La condition, qui impose à un légataire l'obligation de rendre à son décès ce qui restera des biens donnés, ne peut évidemment constituer une substitution, puisque la charge de conserver n'est pas imposée au donataire. Si le disposant avait interdit au légataire toute disposition par acte entre-vifs ou testamentaire, nous admettrions la même décision, car, du moment que le légataire peut aliéner d'une autre façon, la charge de conserver n'est pas imposée. Si la condition, qui impose à un légataire l'obligation de conserver et de rendre, lui permettait d'aliéner en cas de besoin, il faudrait assimiler cette condition à la précédente et déclarer qu'il n'y a pas substitution.

La condition, qui imposerait à un légataire l'obligation de rendre, sans indication d'époque, ne devrait pas faire présumer la condition de survie de l'appelé, nécessaire pour établir l'ordre successif défendu par la loi. Il en était autrement sous l'ancienne législation, toujours en vertu de la faveur accordée aux substitutions. Les principes contraires étant admis à notre époque sur cette matière, la présomption doit être également opposée. Toutefois, si la condition dont nous venons de parler accompagnait une substitution permise par le code, nous devrions décider que la condition de survie de l'appelé doit être présumée, car la présomption n'est plus contraire aux prescriptions de la loi.

Lorsque la charge de conserver et rendre est non-seulement subordonnée à la condition du prédécès du premier légataire, mais encore lorsqu'elle est accompagnée d'une autre condition, la substitution n'en existe pas moins et l'acte ne peut valoir comme conditionnel. Ainsi la charge de conserver et de rendre, imposée à un légataire dans le cas où il mourrait avant sa vingt-et-unième année, constitue une véritable substitution, comme si la condition du prédécès du légataire avant sa vingt-et-unième année n'était pas jointe à la disposition.

Enfin, si un donateur impose à son donataire la condition de léguer à un tiers l'immeuble qu'il lui donne, nous devrons encore reconnaître que la condition renferme la charge de conserver et de rendre, subordonnée au prédécès du donataire, et que, par conséquent, la donation contient une substitution prohibée.

81. — Lorsque dans une condition, jointe à une disposition entre-vifs ou testamentaire, nous trouverons les caractères constitutifs de la subtitution prohibée par la loi, nous devrons nécessairement annuler cette condition comme illicite. Mais, à la différence des conditions illicites, dont nous avons parlé dans la première section de ce chapitre, cette condition, loin d'être réputée non écrite conformément à l'art. 900, entraînera la nullité de la disposition qui la renferme. Non-seulement la charge de conserver et de rendre imposée au grevé sera annulée, mais encore ce grevé ne recueillera pas le legs ou la donation. Cette dérogation à la règle établie par l'art. 900 est du reste justifiée par la nature de la disposition. On sait, en effet, que le donateur a voulu gratifier deux personnes, mais on ignore quelle est celle qu'il eût préférée, s'il n'avait exercé sa libéralité qu'en faveur d'une seule. Or, en maintenant une des libéralités, on s'exposerait à méconnaître les intentions de ce donateur, qui préférerait peut-être la personne dont les droits seraient anéantis.

Cette nullité absolue de la disposition serait même appliquée au cas où la substitution aurait pour objet le montant d'un legs fait purement et simplement par un testament précédent. Il faut toutefois remarquer que, dans le cas où un acte renfermerait plusieurs dispositions, les seules dispositions entachées de substitution seraient annulées ; les autres demeureraient valables.

Nous trouvons une question assez délicate sur les effets de la substitution, quant au point de savoir si, lorsqu'il y a double disposition, la nullité de forme ou de fond de l'une de ces deux dispositions, considérées isolément, peut influer sur l'autre et entraîner son anéantissement. Ces deux dispositions ont chacune

une existence propre ; on ne peut dire que l'une soit l'accessoire de l'autre ; aucune ne peut être considérée comme la base de l'autre. Si donc l'une n'est pas valable pour quelque vice particulier, l'autre ne doit pas s'en ressentir. Cette dernière aura seule une existence régulière ; mais alors, il n'y aura plus concours de deux dispositions, nécessaire pour constituer la substitution prohibée. Il faudra donc en conclure que la disposition, qui présentera les qualités requises dans les actes entre-vifs ou testamentaires, ne sera pas frappée de nullité par suite de son adjonction à une autre disposition qui ne pourrait valoir, dans le cas même où les substitutions seraient permises. .

Nous croyons que la décision contraire devrait être admise dans le cas où les deux dispositions étant valables, étant exemptes de toute cause de caducité, le grevé ou le substitué viendrait à renoncer à la libéralité faite en sa faveur. La répudiation de l'institution ou de la substitution ne peut, en effet, empêcher que le concours de la double disposition n'ait existé, et le grevé ou le substitué ne peut à son gré couvrir la nullité qui résulte de ce concours. On ne peut d'ailleurs comprendre qu'il soit possible de renoncer d'une manière efficace à un droit qu'on ne pourrait utilement faire valoir.

Si un testateur, après avoir inséré une condition établissant l'ordre successif prohibé par la loi, dans un legs, disait qu'il entend que ce legs profite au grevé ou au substitué, comme fait d'une façon pure et simple, dans le cas où sa disposition serait attaquée comme renfermant une substitution, il faudrait encore annuler la disposition en entier ; car si on décidait le contraire, la prohibition des substitutions serait violée très-facilement, l'article 896 n'aurait plus aucune utilité, puisque les personnes qui sont ordinairement intéressées à demander l'annulation des substitutions n'auraient plus aucun intérêt à le faire. Si le testateur avait voulu empêcher que la disposition ne fût attaquée, en ajoutant une clause pénale contre les héritiers dans le cas où ils demanderaient la nullité de la substitution, nous déciderions de même que la disposition doit être annulée en entier.

Toutefois si le disposant de bonne foi, ignorant les caractères constitutifs de la prohibition, disait que dans le cas où sa dispo-

sition serait annulée comme renfermant une substitution prohibée, Il voulait que les biens donnés fussent recueillis par un
tiers, nous serions disposés à valider ce legs fait à un tiers, comme
institution directe sous condition alternative.

Rennes, 15 Juin 1851.

H. R. DE LA TOUCHE.

Vu et approuvé pour l'impression,
Le doyen, H. RICHELOT.

Vu pour le Recteur empêché,
L'inspecteur délégué : LEROY.

PROPOSITIONS.

Droit romain.

I. — L'exception de dol, insérée dans les actions de droit strict pour faire valoir la compensation, devait seulement amener une diminution dans la condamnation. Le juge, qui reconnaissait que le défendeur était créancier, ne pouvait l'absoudre entièrement.

II. — Le possesseur de mauvaise foi avait droit par voie d'exception à ses impenses nécessaires, et même à ses impenses utiles jusqu'a concurrence de la plus-value.

III. — Le mari, qui avait reçu une dot par délégation, ne devait pas en principe subir l'insolvabilité du délégué.

IV. — Le pupille, qui contractait sans l'autorisation de son tuteur, n'était pas obligé naturellement, à moins qu'il ne fût devenu plus riche par l'effet du contrat.

Droit civil français.

I. — Le défaut de transcription de la donation ne peut être opposé par les héritiers du donateur.

II. — La caution qui a payé la dette du débiteur est subrogée contre le tiers détenteur d'un immeuble hypothéqué à la même dette.

III. — La dette de jeu ne constitue pas une obligation naturelle.

Droit criminel.

I. — L'art 2 du Code pénal, qui assimile la tentative de crime au crime lui-même, reçoit exception dans l'art. 317 du même Code, qui exige que l'avortement soit accompli pour que la peine soit prononcée.

II. Lorsque la peine prononcée contre un crime ou un délit subit une aggravation en raison de la qualité personnelle de l'auteur principal, le complice ne doit pas supporter cette aggravation de peine.

Droit public administratif.

I. — La propriété du lit des rivières non navigables et non flottables appartient à l'Etat et non aux propriétaires riverains.

II. — Les biens communaux ne peuvent être partagés entre les habitants de la commune.

H. R. DE LA TOUCHE.

Rennes, le 15 Juin 1854.

Vu et approuvé pour l'impression,
Le Doyen. H. RICHELOT,

Vu pour le Recteur empêché,
L'inspecteur délégué : LEROY.

TABULA MATERIARUM.

JUS ROMANUM.

TABLE DES MATIÈRES.

DROIT FRANÇAIS.

RENNES. — IMPRIMERIE DE CH. CATEL ET Cⁱᵉ.